상속세
핵심요약
가이드

국세청, 대형로펌 출신 조세전문가가 쉽게 풀어 쓴

상속세 핵심요약 가이드

2024년 8월 19일 초판 인쇄
2024년 8월 23일 초판 발행

지 은 이 | 이상길, 채종성, 김태준
발 행 인 | 이희태
발 행 처 | 삼일인포마인
등록번호 | 1995. 6. 26. 제3-633호
주   소 | 서울특별시 용산구 한강대로 273 용산빌딩 4층
전   화 | 02)3489-3100
팩   스 | 02)3489-3141
가   격 | 23,000원

ISBN 979-11-6784-294-7 03320

국세청, 대형로펌 출신
조세전문가가 쉽게 풀어 쓴

상속세 핵심요약 가이드

이상길 · 채종성 · 김태준 지음

SAMIL | 삼일인포마인

서문

상속세는 부자의 세금이자 전유물이었습니다. 사망자의 상속재산을 과세대상으로 하는 만큼 재산이 많을수록 상속세 부담이 커지기 때문입니다. 고대 로마 초대 황제 아우구스투스는 파밀리아(Familia, 가족)의 가치, 사유재산 권리를 법제화하기 위해 상속세를 입법하였으나, 사유재산 가치가 보편화된 종래 상속세는 부의 집중화를 조정하고 소득재분배 기능을 하는 사회정책적인 수단으로 그 존재를 드러내곤 합니다.

부자들의 전유물이었던 상속세가 이제는 누구나 걱정해야 하는 보편적인 '중산층의 세금'으로 바뀌고 있습니다. 자본시장이 고도화되면서 물가와 자산가치는 올라가고 화폐가치는 떨어지고 있기 때문입니다. 최근, 국세청에서 발표한 국세통계연보에 따르면 2022년 기준 상속세 과세자(결정인원)는 1만 5,760명으로 전체 사망자 수 (34만 8,159명) 대비 약 4.53%의 비율을 보이고 있습니다. 상속세 과세자의 비중은 해가 거듭될수록 급격히 상승하고 있으며, 상속세 과세자 중 50억 원 이상의 재산을 보유하고 있는 고액자산가 비중도 기하급수적으로 상승하고 있습니다.

Inheritance Tax

[표1. 상속세 과세자 비율 추이]

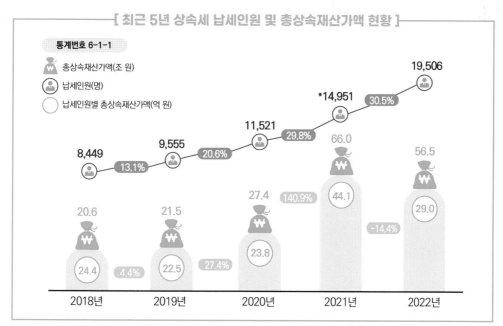

[최근 5년 상속세 납세인원 및 총상속재산가액 현황]

통계번호 6-1-1

- 총상속재산가액(조 원)
- 납세인원(명)
- 납세인원별 총상속재산가액(억 원)

	2018년	2019년	2020년	2021년	2022년
납세인원(명)	8,449	9,555	11,521	*14,951	19,506
증감률	13.1%	20.6%	29.8%	30.5%	
총상속재산가액(조 원)	20.6	21.5	27.4	66.0	56.5
납세인원별 총상속재산가액(억 원)	24.4	22.5	23.8	44.1	29.0
증감률	4.4%	27.4%	140.9%	-14.4%	

* 국세통계포털, 2023년 국세통계연보, 2024-01-12

[표2. 상속세 과세자 별 상속재산 중 상속재산 50억 원 이상 고액자산가 납세인원]

[최근 5년 총상속재산가액 등 규모별 납세인원 현황]

통계번호 6-1-2   (단위: 명)

구 분	2018년	2019년	2020년	2021년	2022년
1억 원 이하	7	9	7	15	25
3억 원 이하	37	39	49	55	87
5억 원 이하	41	55	58	80	103
10억 원 이하	1,901	2,143	2,726	3,431	4,425
20억 원 이하	3,769	4,265	5,126	6,735	8,510
30억 원 이하	1,297	1,479	1,735	2,250	3,086
50억 원 이하	781	891	1,050	1,430	1,918
100억 원 이하	**428**	**437**	**514**	**657**	**903**
500억 원 이하	**170**	**214**	**235**	**267**	**411**
500억 원 초과	**18**	**23**	**21**	**31**	**38**

현명한 상속을 준비하기 위해서는 납세자 스스로 상속 관련 규정을 이해하고 지식을 키워야 합니다. 그러나 상속세는 좀처럼 쉽게 접하는 세목이 아니기에 이를 예비하는 입장에서 두려움이 커지기 마련입니다. 인터넷을 통해 수많은 자료를 확인할 수 있지만, 자료의 진위 여부를 파악하고 본인에게 적합한 정보를 가려내는 것은 쉽지 않습니다.

"납세자 스스로 지식과 판단력을 키울 수 있는 정보를 어떻게 제공할 것인가?" 저자들이 집필에 있어 가장 고민한 부분입니다. 저자들은 상속세 경험이 없는 납세자 눈높이에서 상속 일련의 과정을 두루 살펴보며 납세자들이 필요로 하는 지식을 전달하고자 계획하였고, 이에 본 저서는 각 파트별 다음의 특징을 갖고 서술되었습니다.

 상속의 기본이 되는 민법(가족법) 규정을 쉽게 풀어쓰면서 상속과 관련된 법률 구조의 이해도를 높이고자 하였습니다. 상속인의 범위, 상속분의 규정에서부터 상속재산분할의 방법, 유언의 효력, 비거주자의 상속세 납세의무에 이르기까지 상속 실무와 관련된 내용을 집중적으로 기술하였습니다.

 상속 개시 후 상속인들이 준비해야 하는 사항들을 시간 순서대로 기재하였으며 상속인들이 효율적인 상속을 대비하기 위해 준비해야 할 요소들을 순차적으로 제시하였습니다. 또한, 상속세 신고 업무 진행 시 상속재산 평가 외에 신고전략 수립, 납부방안 검토 등 납세자 입장에서 고려할 수 있는 다양한 요소들을 기술하였습니다.

Inheritance Tax

상속재산에 대한 올바른 평가와 각종 특례규정의 숙지는 상속재산을 효율적으로 분배하고, 상속세 신고를 성공적으로 마무리하기 위한 필수적인 관문입니다. 이에, 가장 보편적인 상속재산인 부동산, 유가증권, 기타 금융재산을 중심으로 상속재산 평가 방법과 특례규정을 기술하였고, 상속재산에서 차감되는 각종 상속공제 규정을 설명하여 상속인들이 필수적으로 숙지해야 할 내용을 기술하였습니다.

 상속세 신고 준비 관련 핵심사항을 체크리스트로 작성하여, 한 눈에 여러 가지 쟁점들을 파악하고, 상속세 준비 시 중요한 쟁점 검토에 대한 누락이 없도록 기술하였습니다.

그 외에, 상속재산을 둘러싼 쟁점들의 해석에 있어 법령 외에 국세청, 기획재정부, 조세심판원, 법원의 해석을 메모 형식으로 병기하여 쟁점을 처음 접하는 납세자들에게 최대한 균형잡힌 해석의 방향을 제시하고자 노력하였습니다.

본 저서의 기술은 많은 분들의 조력이 있었기에 가능했습니다. 가장 먼저 극동방송 김장환 목사님, 김현준 전 국세청장님, 법무법인 율촌 김동수 조세부문 대표님께 존경과 감사의 말씀 올려드리고, 저술에 큰 도움을 준 조성현, 유명한 회계사님께 감사의 뜻을 표합니다.

Inheritance Tax

국세청에서 실무를 담당하며 많은 영감을 주시는 이수진, 이수빈 조사관님, 권범준 사무관님께도 감사드리고, 현업에서 아낌없는 조력을 주시는 삼성생명 김현환 상무님, 삼성SDS 이대환 부장님, 백석대학교 노승빈 교수님, 안진회계법인 한홍석 부대표님, 민지선 회계사님, 대주회계법인 이정근 전무님, 한울회계법인 윤소정 회계사님께도 감사드립니다. 본 저서의 발간을 수락해 주신 삼일인포마인 이희태 대표이사님, 기획에 조력을 아끼지 않으신 김동원 이사님, 꼼꼼한 교정을 통해 잘못된 곳을 바로 잡아주신 임연혁 차장님과 편집부 여러분께 감사드리고, 자본시장의 최전선에서 최고의 전우가 되어 동고동락하는 세무법인 율현·법무법인 율촌·우리회계법인 구성원 분들께도 감사의 말씀 올립니다.

마지막으로 출간의 기쁨을 가족들과 함께 나누고자 합니다. 가족들의 희생과 헌신이 없었다면 이 책은 나올 수 없었을 것입니다. 본 저서가 상속을 맞이하는 모든 이들의 아픔을 위로하고 회복과 소망의 한걸음이 되기를 기원합니다.

Inheritance Tax

Contents

PART 1 상속인이 기본적으로 알아야 할
우리나라 상속제도의 특징

PART 2 본격적으로 상속세 신고를
준비합니다.

PART 3 상속재산별 효율적인 절세방안

PART 4 한눈에 보는 상속세 신고실무 체크리스트

PART 1

상속인이 기본적으로 알아야 할 우리나라 상속제도의 특징

우리나라 상속제도의 특징 이해하기

상속세에 대한 이해도를 높이기 위해서는 세금 계산 내용을 규정한 상속세 및 증여세법 외에 우리나라 상속제도의 기본적인 법체계를 규율하는 민법에 대한 이해가 필요합니다.

따라서, 이번 파트에서는 본격적으로 상속과 관련된 세금 규정을 살펴보기 전 상속을 맞이하는 상속인들이 꼭 숙지해야 할 우리나라 상속제도의 기초지식을 순차적으로 살펴보고 관련된 지식을 습득하는 것을 목표로 합니다.

0 들어가며

상속을 규율하는 법률에는 무엇이 있을까요?

상속에 관한 기본개념

사람은 권능의 존재가 아닙니다. "한번 죽는 것은 정해진 것"이라는 성경구절에서 말미암듯, 사람이라면 지위고하를 막론하고 누구나 언젠가 죽음을 맞이하게 됩니다. 한 사람의 생은 죽음을 통해 마무리하게 되지만, 기나긴 세월의 풍파를 겪은 그의 역사와 지혜는 그 의지를 계승하는 후손을 통해 구전됩니다.

이렇듯, 한 사람이 세상의 삶을 마무리하고 임종을 맞이하여 그의 유지를 받들고 사상을 계승하며 물질을 승계받을 때, 우리는 통상적으로 이를 상속이라고 표현합니다. 역사적으로 과거 신분제가 있던 사회에서는 재산뿐 아니라 그가 남긴 사회적 지위와 위계마저도 자녀에게 상속이 되곤 했습니다. 다만, 현재 우리나라는 사람의 사망으로 인한 사법적, 재산법적 효과만을 법률로 규율하고 있습니다.

상속의 사법적 효과만을 고려했을 때, 상속이란 자연인의 사망으로 인해 그 자연인에게 속해 있던 상속재산과 법률관계(권리·의무)가 법률에 따라 그와 일정한 친족적 신분관계에 있는 사람에게 승계되는 것을 뜻합니다. 이를 민법은 「상속은 사망으로 인하여 개시」되며 「피상속인의 사망과 동시에 상속인은 피상속인의 재산에 관한 포괄적 권리의무를 승계한다」고 규정합니다.

민법 제997조
【상속개시의 원인】
상속은 사망으로 인하여 개시된다.

민법 제1005조
【상속과 포괄적 권리의무의 승계】
상속인은 상속개시된 때로부터 피상속인의 재산에 관한 포괄적 권리의무를 승계한다.

> **간략한 상속세 용어설명**
>
> - 피상속인: 사망 등으로 인해 상속재산을 물려주는 당사자
> - 상속인: 사망한 자와 일정한 친족적 신분관계로 피상속인의 상속재산을 물려받는 자

민법과 상증세법은 상속에 대한 각기 다른 영역을 규율합니다.

법치주의에 근거한 우리나라는 사람 간 발생하는 법률관계를 민법으로 규율하고 있습니다. 그중 민법 제5편은 '상속'이라는 표제 아래 상속에 대한 다양한 법률관계를 규정합니다.[1] 구체적으로, 상속법은 상속을 둘러싼 다양한 법률관계 중 상속의 효력, 상속인의 범위, 법적 효력이 발생하는 유언의 방식 등을 비롯해 상속인이 청구할 수 있는 권리(유류분)의 내용 등을 규정하고 있습니다.

[민법 제5편(상속법) 개요]

구분	내용
제1장 상속 (제997조부터 제1059조)	상속의 효력, 상속인의 범위, 상속의 승인·포기 등
제2장 유언 (제1060조부터 제1111조)	유언의 방식과 효력, 집행과 철회절차 등
제3장 유류분 (제1112조부터 제1118조)	유류분권리자의 정의, 유류분의 범위 등

상속세 및 증여세법 제1조
【목적】
이 법은 상속세 및 증여세의 과세(課稅) 요건과 절차를 규정함으로써 상속세 및 증여세의 공정한 과세, 납세의무의 적정한 이행 확보 및 재정수입의 원활한 조달에 이바지함을 목적으로 한다.

이쯤에서 궁금증이 발생할 수 있습니다. 그럼 상속세는 뭐지? 상속법에서 규정된 게 아니면 무슨 법을 근거로 하는거지? 누가 어떻게 납부하는 거지? 그러한 질문에 대한 답은 상속법이 아닌 상속세 및 증여세법[2], 즉 세법에서 찾아볼 수 있습니다. 현행 상증세법은 「상속세의 과세요건과 절차를 규정하여 상속세의 공정한 과세가 이루어지는 것」을 목적으로 하기 때문입니다.

---

[1] 이하 이 책에서는 '민법 제5편'에 해당하는 내용을 '상속법'으로 표현하며, 민법과 관련된 내용은 주로 김주수·김상용, 「친족·상속법」, 법문사, 2023 및 윤진수, 「친족상속법 강의」, 박영사, 2023를 참고하였습니다.

[2] 이하 이 책에서는 '상속세 및 증여세법'을 '상증세법'으로 표현합니다.

상속이 개시됨에 따라 각 상속인들은 민법(상속법)에 따라 기초적인 법률관계(상속인은 누구이고 유언은 어떻게 해야 효력이 있는 유언인지 등)를 형성하게 되고, 그러한 법률관계 하에 상속세를 계산하기 위한 과세요건과 절차 등은 상증세법(세법) 규정을 따르게 됩니다. 즉, 상증세법은 상속법에 따라 형성된 법률관계 내에서 피상속인의 상속재산에 대해서 각 상속인들이 부담해야 하는 세금을 규율하는 법이라고 할 수 있습니다. 이에 따라, 상증세법은 '상속'의 정의를 민법에서 차용하고 있습니다.

상속세 및 증여세법 제2조
【정의】
이 법에서 사용하는 용어의 뜻은 다음과 같다.
1. "상속"이란 「민법」 제5편에 따른 상속을 말하며...(생략)

성공적인 상속을 위해서는 상속 규정에 대한 기본적인 이해가 필요합니다.

A씨는 젊은 시절 배우자 B씨와 결혼하고, 자녀 C씨를 입양하였습니다. 그러나, A씨와 B씨는 성격 차로 인해 이혼하게 되며, 배우자 B씨가 자녀 C씨의 양육권자가 됩니다. 이후 A씨는 새로운 배우자 D씨와 재혼 후 자녀 두 명을 양육하다가, 지병으로 인해 사망하였습니다. 평소 세금에 관심이 있던 배우자 D씨는 배우자상속공제를 위해 상속재산분할협의서를 작성해야 한다는 이야기를 듣고, 본인의 자녀 두 명과 서둘러 상속재산분할협의서를 작성한 후, 상속세 신고를 마무리합니다. 이후 상속재산에 대한 등기를 위하여 등기소에 상속재산분할협의서를 제출하였으나, 등기관은 상속인 모두가 참여하지 않은 상속재산분할협의는 무효이므로 상속재산 등기가 불가능하다고 답변합니다.

배우자 D씨가 놓친 사항은 무엇일까요? 상속세 절세를 위해서 상속인들은 각종 상속공제의 종류를 파악하고, 상황별 유리한 상속공제를 신청해야 합니다. 위 사례에서 배우자 D씨는 A씨가 이혼한 전 배우

대법원 1987.3.13. 선고 85므80
판결

협의에 의한 상속재산의 분할은 공
동상속인 전원의 동의가 있어야 유
효하고 공동상속인 중 1인의 동의
가 없거나 그 의사표시에 대리권의
흠결이 있다면 분할은 무효이다.

자 B씨와의 관계에서 입양한 자녀 C씨를 상속인이 아닌 것으로 보아 상속재산분할협의에 포함하지 않았습니다. 상속재산분할협의가 유효하려면, 공동상속인 전원이 참여해야 하며, 상속인 중 일부가 제외된 분할협의는 무효가 되므로 본 건 분할협의는 법률적 효력을 지닌 문서가 되지 못하게 된 것입니다. 이에 따라, 배우자상속공제 가능 여부도 불투명해진 상황에 놓이게 되었습니다.

위 사례에서 보듯, 상속세 구조를 이해하고 상속세 절세를 위해 상증세법에서 규정하는 각 상속재산의 평가방법이나 각종 공제 적용방법에 대해서 알고 있었더라도, 상속인들이 상속법에서 규정하는 기본적인 법률관계에 대한 이해가 선행되지 않는다면 불분명하고 불안한 상속을 맞이할 수밖에 없습니다.

상속인으로서 상속법에서 규정하는 상속과 관련된 모든 이론과 법리를 파악하는 것은 현실적으로 불가능에 가깝고, 상속인별 처한 상황이 모두 각기 다르기에 필요로 하는 규정 또한 상황별로 다릅니다. 다만 사회통념상 지극히 보편적인 가족의 구성에서 필요로 하는 상속과 관련된 일반적인 규정과 제도는 분명 존재합니다.

구체적으로 상속재산의 평가 등 상증세법에서 규정하는 상속세 관련 실무를 파악하기에 앞서, 상속법의 여러 규정 중 상속인들이 꼭 숙지하고 있어야 할 상속제도의 특징을 요약하면 다음과 같습니다. 각 사안별 구체적인 내용은 후술하도록 합니다.

구분		주요 내용
1	상속의 개시	일반적인 사망의 경우, 사망일이 곧 상속개시일이 됩니다. 상속개시일은 상속을 둘러싼 여러 법률관계(한정승인·상속포기 기한 산정일 등), 상속세 신고기한(상속개시일이 속하는 달의 말일부터 6월) 등 세금문제를 두고도 중요한 판단의 기준일이 됩니다.
2	상속재산의 범위	상속세 신고 목적의 상증세법은 민법에서 규정한 상속재산 외에 법률상 근거에 관계없이 환가성 있는 물건과 권리를 상속재산의 범위에 포함하고 있으며, 재산적 가치가 없는 경우 상속재산의 범위에서 제외됩니다.
3	상속의 승인·포기	상속인은 상속개시일로부터 법정기한 내에 한정승인 또는 상속포기를 통해 상속 여부를 선택할 수 있으며, 그 기한을 도과한 경우 상속을 승인한 것으로 봅니다.
4	상속세 납세의무	상증세법에 따른 상속세 납세의무자는 다음과 같습니다. – (민법상 상속인) 상속재산에 대한 포괄적인 권리·의무 승계 – (특별연고자 + 수유자) 상속인과 경제적 실질 동일 – (상속포기자 + 상속결격자) 사전증여재산 한도로 납세의무 부담
5	상속분	상속분은 상속재산에 대한 각 상속인의 몫을 의미합니다. 피상속인의 의사(유언)에 따라 상속분이 결정되며, 유언이 없으면 각 상속인별 법정상속분대로 상속재산에 대한 권리를 갖게 됩니다.
6	상속재산분할	상속재산분할은 상속인 간 협의를 우선시합니다. 만일, 유언이 있다면 유언에 따라 상속재산이 분할되며, 분할협의가 이루어지지 않을 경우 법원의 분할심판에 따라 재산분할이 이루어집니다.
7	유언	유언을 통해 피상속인은 특정 상속재산의 귀속, 유증, 상속재산의 분할방법 등을 정할 수 있으며 민법은 법적 효력이 있는 유언으로 다섯 가지 방법(자필증서, 녹음, 공정증서, 비밀증서, 구수증서)을 규정하고 있습니다.
8	비거주자의 상속세 납세의무	국적과 관계없이 거주자일 경우 국내외 모든 재산에 대한 상속세를 납부해야 하며, 비거주자인 경우 국내소재 재산에 대한 상속세납세의무가 발생합니다. 이 때, 거주자·비거주자 판단은 국내에서 생계를 같이 하는 가족 및 국내에 소재하는 자산의 유무 등 생활관계 등을 두루 살펴보고 판단하게 됩니다.
9	유류분	유류분은 상속인에 대해서 상속재산 중 법에서 규정하는 본인의 몫을 확보할 수 있는 권리를 의미하며, 유류분을 침해당한 자(유류분권리자)는 자신의 법적 권리(몫) 안에서 유류분반환청구가 가능합니다.

1 상속의 개시
상속과 관련된 여러 권리관계의 기준일이 됩니다.

 KEY POINT

상속개시일: 피상속인의 사망일이 상속개시일이 되는 것이 일반적이며, 상속을 둘러싼 여러 권리관계의 기준일이 되므로 중요한 의미를 갖습니다.
- 법률관계: 상속인 결정일, 한정승인·상속포기 기한 기준일 등
- 세금문제: 상속세 신고기한 결정일, 상속재산 평가기준일 등

표준국어대사전은 "상속"을 "뒤를 이음"으로 정의합니다. 누군가의 죽음으로 인해 누군가는 망인(亡人)의 정신과 유산을 계승하게 되고 이를 우리는 흔히 상속이라 표현합니다. 이처럼 상속은 관념적인 개념이지만 우리의 삶과 가까이 존재하며 우리는 흔히 사망으로 말미암아 상속이 시작된다고 받아들이곤 합니다.

민법 제997조
【상속개시의 원인】
상속은 사망으로 인하여 개시된다

민법 또한 상속은 피상속인의 사망으로 개시된다고 표현합니다. 이때 피상속인의 사망을 규정할 때 자연적인 사망의 경우 그 사망일이 구체화 될 수 있지만, 자연재해 등으로 실종자의 사체를 찾을 수 없거나 실종신고 이후 수십 년이 지나도록 실종자를 찾을 수 없어 사망일자를 특정할 수 없는 경우 상속의 개시일을 언제로 보아야 할까요?

(1) 상속개시일의 판단

통상적으로 피상속인의 사망을 원인으로 하는 상속의 경우 피상속인의 사망일이 상속개시일이 되는 것이 일반적입니다. 그러나 자연사망 외에 수해, 재난 등으로 인하여 사체가 발견되지 않는 사망(인정사망)의 경우, 가족관계등록부에 기재된 사망일을 상속개시일로 보게 됩니다. 또한 부재자의 생사가 분명하지 아니하여 법원으로부터 실종선고를 받거나, 관련 법령에 의해 부재선고를 받는 경우 법원에 의한 부재선고일이 상속개시일이 되며, 피상속인의 공부상 사망일과 사실상의 사망일이 다른 경우 사실상의 사망일을 상속개시일로 보는 것이 과세관청의 입장입니다.

> 서면인터넷방문상담4팀-3805, 2006.11.17.
>
> 피상속인의 공부상 사망일과 사실상의 사망일이 다른 경우 사실상의 사망일을 상속개시일로 보는 것임

상증세법에 따른 상속개시일	
자연적 사망	실제로 사망한 사실이 발생하는 시점
인정사망	가족관계등록부에 기재된 사망 연, 월, 일, 시
실종·부재 선고	법원의 실종선고·부재선고일(심사상속 99-0173, 1999.6.25.)

(2) 상속개시일 판단이 중요한 이유

이러한 상속개시일의 시점을 정확히 확정하는 것이 중요한 이유는, 상속을 둘러싼 다양한 권리관계의 기준일이 되기 때문입니다. 세법을 제외한 상속인에 대한 법률관계에 있어서 상속개시일은 피상속인의 상속재산을 승계받을 권리를 갖는 상속인을 결정하는 기준일이 되며, 한정승인, 상속포기 등 민법상 상속인들의 법률행위는 상속개시일로부터 3월로 그 기한의 정함이 있으므로 상속개시일의 판단은 상속인들의 의사결정에 있어 중요한 판단기준이 됩니다.

또한, 상속세 납부를 목적으로 상속재산에 대한 평가 시 상속개시일을 기준으로 상속재산에 대한 평가가 이루어지며, 취득세 및 상속세 납부기한은 상속개시일이 속하는 달의 말일부터 6월이 되므로 상속개시일이 갖는 의미는 상속인들의 법률관계를 규정짓는데 나아가 상속세 등의 세금을 계산하고 납부함에 있어 중요한 의미를 갖습니다.

[상속개시일이 갖는 의미]

민법	상증세법

1. 상속인 결정 기준일
   (민법 제1000조)
	1. 상속세 납세의무 성립일
	   (국기법 제21조)

2. 상속의 승인·포기 기산일
   (민법 제1019조)
   - 한정승인, 상속포기 등
	2. 상속재산 평가기준일
	   (상증세법 제60조)

3. 상속 관련 청구권의 소멸시효 기산일
   - 유류분반환청구권(민법 제1117조)
   - 재산분리청구권(민법 제1045조)
	3. 상속세 신고기한 기산일
	   (상증세법 제67조)

4. 유언의 효력 발생일(민법 제1073조)	4. 법률 개정의 적용 기준일
5. 유류분 산정기준일(민법 제1113조)	5. 피상속인의 거주자·비거주자 판정일

2 상속재산의 범위
상속세를 신고해야 하는 상속재산에는 무엇이 포함될까요?

KEY POINT

상속재산의 포괄적 승계: 상속이 개시됨에 따라 상속인은 피상속인의 권리·의무를 포괄적으로 승계하게 되므로 피상속인의 재산 등의 권리 외에 채무 등의 의무 또한 승계받게 됩니다.

민법에 따른 상속재산: 피상속인 소유 재산(동산, 부동산 등)을 비롯해 피상속인의 계약상·법률상 지위 또한 민법상 상속재산의 범위에 속합니다.

상증세법에 따른 상속재산: 민법상 상속재산의 대부분이 포함되며, 영업권 등 법률관계와 관계 없이 환가성(경제적 가치) 있는 모든 것이 포함됩니다.

40년 간의 직장생활을 마무리하고 정년퇴임한 A씨는 그의 청춘에 대한 보상을 스스로에게 하고자 그간 모아둔 재산으로 강남구에 위치한 꼬마빌딩 1채를 매수하고자 매매계약을 체결하였습니다. 그러나 매매계약에 대한 잔금을 치르기 전 갑작스런 사고로 A씨는 사망을 하게 되었고, 그 가족들은 생전 A씨가 간절히 원하던 바람, 즉 A씨의 유지를 받들어 꼬마빌딩의 잔금을 치르기로 합니다. 본 사례에서, A씨의 가족들이 무사히 매매계약을 마칠 수 있었던 이유는, 생전 A씨가 체결한 계약의 권리가 그의 가족들(상속인들)에게 그대로 승계되었기 때문입니다.

(1) 민법에 따른 상속재산의 범위

상속이 개시되면 상속인은 피상속인의 사망과 동시에 피상속인의 재산에 관한 포괄적 권리·의무를 승계하게 됩니다. 즉, 상속인은 피상속인의 사망으로 인해 피상속인의 재산을 포괄적으로 승계하게 되므로, 상속인은 피상속인의 재산 중 특정재산만을 승계하거나, 특정 채무를 면제하고 승계하는 등 상속인의 자의에 의하여 상속재산을 구분할 수 없으며, 피상속인에게 속한 모든 재산상의 권리·의무를 승계하게 됩니다.

이런 포괄승계의 범위에 속하는 피상속인의 권리·의무에는 피상속인에게 귀속된 대부분의 재산적 가치와 법률적 지위가 포함되므로 부동산, 예금, 주식 등의 일반적인 재산 외에 주택임차권, 이혼으로 인한 재산분할청구권 등의 채권 또한 상속재산 대상에 포함됩니다. 다만 민법은 상속이 개시되더라도 피상속인의 일신에 전속되는 것들은 상속이 되는 상속재산의 범위에 속하지 않는다고 규정하고 있는데, 피상속인의 직업이 공무원이었을 때 그의 상속인들이 피상속인의 공무원 지위를 상속받지는 못하는 것이 그 예시라고 볼 수 있습니다.

> 민법 제1005조
> 【상속과 포괄적 권리의무의 승계】
> 상속인은 상속개시된 때로부터 피상속인의 재산에 관한 포괄적 권리의무를 승계한다. 그러나 피상속인의 일신에 전속한 것은 그러하지 아니하다

[민법상 상속재산 여부 예시]

상속재산 포함 ○	상속재산 포함 ×
물건(物件) - 동산·부동산 등	일신에 전속하는 것 - 사용자의 지위(민법 제657조) (예를 들어, 공무원, 직원의 지위 등) - 조합원의 지위(민법 제717조) - 사단법인의 사원의 지위(민법 제56조) - 대리인의 지위(민법 제127조 제2호)
물권(物權) - 소유권, 점유권, 질권, 저당권 등	
채권(債權) - 생명침해에 대한 손해배상청구권 - 위자료청구권 - 이혼에 의한 재산분할청구권	

상속재산 포함 ○	상속재산 포함 ×
무체재산권(無體財産權) – 특허권·실용신안권 등	법률 또는 계약에 의해 귀속이 결정되는 것 – 피상속인이 피보험자이고 보험수익자가 상속인인 경우의 보험금지급청구권과 이로 인한 보험금 (상법 제730조)
계약상·법률상 지위 – 부동산매매계약 지위 – 주택임차권 – 신탁수익권	– 퇴직연금·유족연금의 청구권 – 이혼으로 인한 위자료청구권 – 부의금

(2) 상증세법에 따른 상속재산의 범위

상속세 신고를 준비하는 상속인으로서는 앞서 살펴본 민법에 따른 상속재산의 범위와는 별개로 상속세 신고 대상이 되는 상속재산의 범위를 살펴볼 필요성이 있습니다. 상증세법에 따른 상속재산의 범위는 상속개시일 현재 피상속인에게 귀속되는 재산으로서 금전으로 환산할 수 있는 경제적 가치가 있는 모든 물건과 재산적 가치가 있는 법률상 또는 사실상의 모든 권리를 포함하므로 민법 상속재산과 대부분 그 대상이 일치합니다.

다만 상증세법은 재산상속에 있어 세금을 부과하기 위한 목적으로 규율된 법이므로 금전으로 환가성 없는 물건과 권리는 상속세 과세대상이 되는 상속재산으로 포함하고 있지 않으며, 민법에서 규정된 상속재산이 아니더라도 환가성 있는 물건과 권리는 상속재산에 포함되며, 법률상 근거와 관계없이 경제적 가치가 있는 모든 것이 상속재산의 범위에 포함됩니다.

따라서 민법상 상속재산의 범위와 상증세법상 상속재산의 범위에는 다소 차이가 존재하며, 상증세법에서 규정하고 있는 상속재산의 범위를 민법상 상속재산의 범위와 비교하면 다음과 같습니다.

상속세 및 증여세법 제2조
【정의】
3. "상속재산"이란 피상속인에게 귀속되는 모든 재산을 말하며, 다음 각 목의 물건과 권리를 포함한다. 다만, 피상속인의 일신에 전속하는 것으로서 피상속인의 사망으로 인하여 소멸되는 것은 제외한다.
   가. 금전으로 환산할 수 있는 경제적 가치가 있는 모든 물건
   나. 재산적 가치가 있는 법률상 또는 사실상의 모든 권리

상속세 및 증여세법 집행기준
2-0-4
【상속재산에 포함되는 경우】

상속세 및 증여세법 집행기준
2-0-5
【상속재산에 포함되지 않는 경우】

[상증세법상 상속재산의 범위]

상속재산 포함 ○	상속재산 포함 ×
민법상 일반적인 상속재산 (물권, 채권 및 무체재산권, 신탁수익권 등)	질권, 저당권 또는 지역권과 같은 종된 권리 (주된 권리의 가치를 담보하는 것 제외)
법률상 근거 무관 경제적 가치가 있는 것 (영업권 등)	실질적 재산이 아닌 소득 (인정상여 등)
부동산 매매 시 기 지급 & 수령한 대금 (계약금 및 중도금 등)	피상속인 귀속되는 채권 중 회수불가능액
피상속인이 타인과 함께 합유 등기한 부동산가액 중 피상속인 몫	피상속인의 명의수탁재산 (명의수탁이 명백히 확인되는 경우)
상속개시일 현재 피상속인이 명의신탁한 사실이 명백히 확인되는 재산	

3 상속의 승인·포기
상속받고 싶지 않은데 어떤 방안이 있나요?

KEY POINT

상속의 단순승인: 상속이 개시됨에 따라 상속인은 피상속인의 권리의무를 포괄적으로 승계하게 되므로 피상속인의 재산 등의 권리 외에 채무 등의 의무 또한 승계받게 됩니다.

한정승인: 상속재산 규모 파악이 어려운 상속인에게 적합하며, 한정승인을 받는 경우 상속인은 상속으로 인하여 취득한 재산의 한도에서 피상속인의 채무와 유증을 변제하게 됩니다.

상속포기: 상속채무가 상속재산보다 많은 상속인에게 적합하며, 상속의 개시에 따라 피상속인에게 속하게 되는 재산상의 권리의무의 승계를 거부하는 법률행위로 상속을 포기하게 될 경우, 상속포기자는 처음부터 상속인이 아니었던 것이 됩니다.

홀로 한 가정의 생업을 책임지던 B씨는 어느날 갑자기 찾아온 희귀병으로 인해 경제적 활동에 제약이 생기게 됩니다. 그 시간이 길어지자 가세는 자연스레 기울게 되고 결국 병마와 싸우다가 B씨는 세상을 떠나게 됩니다. 이후 남은 가족들은 상속세 신고를 위해 B씨가 남긴 상속재산을 조회하던 중, B씨가 가족들 모르게 큰 빚을 지고 있었다는 사실을 알게 됩니다. 곤궁에 처한 가족들은 가까운 지인으로부터 서둘러 한정승인 제도를 알아보고 신청하라는 조언을 듣게 됩니다. 가족들이 서둘러야 하는 이유, 그리고 한정승인 제도로 인한 효과는 무엇일까요?

(1) 상속의 당연승계

민법 제187조
【등기를 요하지 아니하는 부동산
물권취득】
상속, 공용징수, 판결, 경매 기타
법률의 규정에 따른 부동산에 관한
물권의 취득은 등기를 요하지 아니
한다. 그러나 등기하지 아니하면
이를 처분하지 못한다.

상속재산의 승계는 피상속인의 사망에 따라 상속인에게 당연승계
되므로 상속인이 피상속인의 상속재산에 대한 별도의 의사표시가 필요
하지 않습니다. 상속인은 별도의 법률행위 없이 피상속인의 상속재산
을 당연승계하며, 상속재산의 승계를 위하여 부동산의 등기, 동산의
인도와 같은 행위를 하지 않더라도 상속재산의 권리의무는 상속인에
게 승계됩니다(다만 상속인이 상속받은 부동산을 처분하고자 할 경우
상속등기라는 별도의 법률행위를 필요로 합니다).

상속재산은 피상속인의 사망과 동시에 법률상 당연히 포괄적으로
상속인에게 승계되므로, 상속인이 법에서 규정한 특정한 절차에 따라
상속포기의 의사표시를 하지 않는 이상 상속을 승인한 것으로 보는데
이를 단순승인이라 합니다. 한편, 상속인은 피상속인의 상속재산 뿐만
아니라 상속채무에 대해서도 포괄적으로 그 의무를 승계하게 됩니다.
따라서 피상속인의 상속채무 규모가 불명확하거나 상속채무의 규모가
상속재산을 초과할 경우 상속인은 상속인 본인의 고유재산에서 피상
속인의 상속채무를 변제해야 하는 상황이 발생할 수 있습니다. 현행
민법은 상속의 단순승인으로 인해 발생하는 여러 문제로부터 상속인
들을 법률적으로 보호하고자 상속의 승인 범위를 제한하거나(한정승
인), 상속인이 상속을 포기(상속포기)할 수 있는 제도를 규정하고 있
습니다.

무한정 상속인의 경제적 구제를 목적으로 상속인에게 권능을 부여
하게 된다면 상속채권자에게 예기치 못한 경제적 손실이 발생할 수
있습니다. 이에 따라 민법은 상속인에게 한정승인 또는 상속포기제도
에 대해서 엄격히 그 신청시기를 제한하고 있으며, 상속인이 상속재산
을 임의로 처분하거나 부정소비하는 등 법에서 규정하는 특정한 행위

를 할 경우 상속인이 상속을 승인한 것으로 보게 됩니다. 이를 "법정 단순승인"이라고 합니다.

법정 단순승인(민법 제1026조)

1. 상속인이 상속재산에 대한 처분행위를 한 때
   - 이러한 처분에는 법률적 처분행위(매매) 외에 사실적 처분행위(폐기, 파괴 등)를 포함함

2. 상속인이 법정기간 내에 한정승인 또는 포기를 하지 아니한 때
   - 민법은 단순승인을 상속의 원칙으로 인정하고 있으므로, 한정승인 또는 상속포기를 하지 않은 경우, 이를 법정 단순승인의 행위로 봄

3. 상속인이 한정승인 또는 포기를 한 후에 상속재산을 은닉하거나 부정소비하거나 고의로 재산목록에 기입하지 아니한 때
   - 상속재산의 부정소비란 정당한 사유 없이 상속재산을 써서 없앰으로써 그 재산적 가치를 상실시키는 행위를 뜻함(대법원 2004.3.12. 선고 2003다63586 판결)
   - 공동상속의 한정승인 후, 일부 상속인이 부정행위를 하였을 때에는 부정행위를 한 상속인에 대해서만 단순승인의 효과가 발생함. 따라서 부정행위를 한 상속인은 청산 후에 남는 채무에 대하여 자기 상속분에 따라 자기의 고유재산으로써 책임을 져야 함.

대법원 2016.12.29. 선고 2013다73520 판결

상속의 한정승인이나 포기는 상속인의 의사표시만으로 효력이 발생하는 것이 아니라 가정법원에 신고를 하여 가정법원의 심판을 받아야 하며, 심판은 당사자가 이를 고지받음으로써 효력이 발생한다.

따라서, 상속재산 처분 등의 법률행위 이후 상속인이 한정승인 또는 상속포기를 법원에 신청할 경우 법원은 한정승인 또는 상속포기의 효력을 인정하지 않고 있습니다.

(2) 한정승인

상속인은 본인의 의사와 관계없이 상속재산의 포괄승계 받음으로써 경제적 곤궁에 처할 수 있기에 현행 민법은 상속으로 인하여 취득할 재산의 한도에서 피상속인의 채무와 유증을 변제할 수 있는 한정승인 제도를 규정하고 있습니다.

민법 제1028조
【한정승인의 효과】
상속인은 상속으로 인하여 취득할
재산의 한도에서 피상속인의 채무
와 유증을 변제할 것을 조건으로
상속을 승인할 수 있다.

한정승인이란 상속인이 상속으로 인하여 취득한 재산의 한도에서 피상속인의 채무와 유증을 변제하는 상속을 뜻합니다. 따라서 상속채무 규모에 대한 파악이 어렵거나 상속재산에 대한 파악이 불분명한 경우 유용하게 활용할 수 있습니다. 다만 상속인에게 무한한 선택의 자유를 주게 될 경우 상속인의 선택이 확정되기 전까지 상속채권자에게 경제적 불확실성이 가중되기에 민법은 한정승인을 인정하기 위한 신고기한을 규정하고 있습니다.

① 한정승인 신고기한

민법 제1019조
【승인, 포기의 기간】
① 상속인은 상속개시있음을 안 날
로부터 3월 내에 단순승인이나 한
정인 또는 포기를 할 수 있다.
③ 제1항에도 불구하고 상속인은
상속채무가 상속재산을 초과하는
사실을 중대한 과실 없이 제1항의
기간 내에 알지 못하고 단순승인을
한 경우에는 그 사실을 안 날부터
3개월 내에 한정승인을 할 수 있다.

한정승인을 받고자 하는 상속인이 있을 경우, 해당 상속인은 상속개시있음을 안 날로부터 3개월 내에(제1항) 또는 상속인이 상속채무 초과사실을 중대한 과실 없이 단순승인 한 경우 그 사실을 안 날로부터 3개월 내에(제3항, 특별한정승인) 상속재산의 목록을 첨부하여 법원에 한정승인 신고를 하여야 합니다. 또한, 예외적으로 민법은 만일 상속인이 미성년자일 경우, 상속채무가 상속재산을 초과하는 상속이 있었고 이에 대한 한정승인 신고기한까지 신고를 하지 않았더라도, 성년이 된 후 그 상속의 상속채무 초과사실을 안 날부터 3개월 내에 한정승인 신고를 인정하고 있습니다.

② 한정승인 신고절차 및 효력

대법원 2016.12.29. 선고 2013
다73520 판결

상속의 한정승인이나 포기는 상속
인의 의사표시만으로 효력이 발생
하는 것이 아니라 가정법원에 신고
를 하여 가정법원의 심판을 받아야
하며, 심판은 당사자가 이를 고지
받음으로써 효력이 발생한다.

한정승인을 원하는 상속인은 한정승인 신고기한 내에 상속재산의 목록을 첨부해 가정법원에 한정승인을 신고를 해야 하며, 한정승인은 단순히 신고가 아닌 법원의 심판을 통해 그 효력이 발생합니다. 따라서 상속인이 한정승인 신고를 하더라도 법원에 신고접수된 때가 아니라, 신고 이후 가정법원의 심판에 따라 신고가 수리되어 당사자에게 고지된 때부터 효력이 발생합니다. 이러한 법원의 심판에 따라 법원으로부터 한정승인 고지를 받게 된다면 상속인은 상속에 의하여 취득한 상속재산의 한도에서 피상속인의 채무와 유증을 변제하면 되기에, 상속채무로 인해 상속인이 보유하고 있던 상속인 고유재산이 침해될 여지가 발생하지 않게 됩니다.

(3) 상속포기

상속의 포기란 상속의 개시에 따라 피상속인에게 속하게 되는 재산상의 권리의무의 승계를 거부하는 법률행위로 **상속을 포기하게 될 경우, 상속포기자는 처음부터 상속인이 아니었던 것이 됩니다.** 이러한 상속포기는 피상속인이 남긴 상속재산과 상속채무의 규모를 파악한 결과 상속채무의 가액이 상속자산을 초과한다고 판단될 경우 활용할 수 있는 상속인의 구제제도로서 상속포기제도를 활용한다면 피상속인의 과다한 채무 승계로 인해 상속인의 경제적 부담이 가중되는 것을 방지할 수 있습니다.

민법 제1042조
【포기의 소급효】
상속의 포기는 상속개시된 때에 소급하여 그 효력이 있다.

① 상속포기 신고기한

상속인은 상속개시에 의하여 피상속인의 재산상의 권리의무를 승계하게 되나 **상속개시 있음을 안 날로부터 3개월 이내에 가정법원에 포기신고를 해야 합니다.**

민법 제1041조
【포기의 방식】
상속인이 상속을 포기할 때에는 제1019조 제1항의 기간 내에 가정법원에 포기의 신고를 하여야 한다.

② 상속포기 신고절차 및 효력

상속포기를 원하는 상속인은 상속포기 신고기한 내에 가정법원에 상속포기 신고를 해야 합니다. 한정승인과 마찬가지로 상속포기 또한 가정법원에 신고를 하여 가정법원의 심판을 받아야 합니다. 따라서, 상속인이 상속포기 신고를 하더라도 법원에 신고접수된 때가 아니라, 신고 이후 가정법원의 심판에 따라 신고가 수리되어 당사자에게 고지된 때부터 효력이 발생합니다(대법원 2016.12.29. 선고 2013다73520 판결).

③ 상속포기 주의점: 후순위 상속인의 상속

공동상속의 경우 각 상속인은 단독으로 상속포기를 할 수 있으며, 공동상속인 중 어느 상속인 1인이 상속을 포기하게 될 경우 포기의 소급효로 인해 상속포기인의 당초 상속분은 다른 상속인의 상속분의 비율로 귀속되게 됩니다. 따라서 공동상속인들 모두가 상속포기를 이행하지 않을 경우, 상속포기를 하지 않은 공동상속인에게 피상속인의 상속채무가 과다하게 이전될 수 있습니다. 또한 선순위인 공동상속인 전원이 상속을 포기할 경우, 그 다음 순위 상속인에게 상속재산에 대한 권리의무가 승계되므로 선순위 상속인이 상속포기를 계획할 경우 후순위 상속인에게도 상속포기에 대한 사실을 통보해야 후순위 상속인이 예상치 못하던 상속채무의 부담을 떠안는 것을 방지할 수 있습니다.

민법 제1043조
【포기한 상속재산의 귀속】
상속인이 수인인 경우에 어느 상속인이 상속을 포기한 때에는 그 상속분은 다른 상속인의 상속분의 비율로 그 상속인에게 귀속된다.

(4) 한정승인 또는 상속포기의 취소금지

상속인이 법원으로부터 한정승인 또는 상속포기 고지를 받은 경우, 3개월의 기한 내라고 할지라도 이를 취소할 수 없습니다. 이는 취소로 인해 이해 관계인의 신뢰를 배반하게 되어 발생할 수 있는 피해를 최소화하기 위함입니다. 다만 한정승인과 포기는 가정법원에 신고하여 이것이 수리될 때 그 효력이 발생하므로, 법원의 수리 전에는 상속인이 그 신고를 취하하는 것은 가능하다고 보는 것이 학설의 입장입니다.

[한정승인·상속포기 비교요약]

구분	한정승인	상속포기
의의	상속인이 상속으로 인하여 취득한 재산의 한도에서 피상속인의 채무와 유증을 변제하는 상속제도	상속의 개시에 따라 피상속인에게 속하게 되는 재산상의 권리의무의 승계를 거부하는 법률행위
효력	상속채무로 인해 상속인이 보유하고 있던 상속인의 고유재산이 침해되지 않음	처음부터 상속인이 아니었던 것으로 봄
기한	상속개시 있음을 안 날로부터 3월 내 〈참고〉 특별한정승인: 상속인은 상속채무가 상속재산을 초과하는 사실을 중대한 과실 없이 단순승인을 한 경우에는 그 사실을 안 날부터 3개월 내에 한정승인 가능함	
절차	기한 내에 가정법원에 한정승인·상속포기 심판을 청구해야 함	
효력발생	가정법원의 심판에 따라 신고가 수리되어 당사자에게 고지된 때부터 효력이 발생함	
비고	상속재산 규모 파악이 어려운 상속인에게 적합	상속채무가 상속자산을 초과하는 상속인에게 적합

4 상속세 납세의무

상속인은 누구이고, 상속세 신고·납부는 누가 해야 하나요?

📍**KEY POINT**

상속세 납세의무: 상증세법에 따른 상속인 및 수유자(유증을 받은 자)는 상속재산 중 각자가 받았거나 받을 재산을 기준으로 산정한 법 소정의 상속세액에 대한 상속세 납세의무를 지니게 됩니다.

상증세법에 따른 상속인: 피상속인의 민법상 상속인(직계존비속, 배우자 등) 외에 ① 상속결격자, ② 상속포기자, ③ 특별연고자를 포함하는 개념으로, 이러한 상속인들은 상속세 납부에 있어 각자가 받았거나 받을 재산을 한도로 연대하여 납부할 의무가 존재합니다.

상속의 본질은 재산의 승계에 있는 만큼 민법에서 규정하는 상속인은 상속재산을 취득할 수 있는 자를 의미합니다. 따라서 일반적으로 피상속인의 직계존비속, 배우자 등 법정상속인과 대습상속인이 민법에서 규정하는 상속인의 범위에 해당합니다. 즉, 민법에서 규정하는 상속인은 상속재산의 권리자를 규율하는 개념으로 이해할 수 있습니다.

반면 상증세법은 피상속인의 상속개시일 현재 상속재산을 과세대상으로 하여 상속세 납세의무자에게 부과하는 것이 목적인 만큼, 실질적으로 상속재산에 해당하는 환가성 있는 재화 등을 수취하는 자를 상증세법에 따른 상속인으로 규정하고 있습니다. 이렇게 정하는 것이 "소득이 있는 곳에 세금이 있다"는 대원칙에도 부합하기 때문입니다. 따라서, 상속재산에 대한 권한이 없는, 즉 민법에서는 상속인으로 포함되지 않는 자들(상속포기자, 상속결격자, 특별연고자) 또한 상증세법에 따른 상속인에 포함되고, 이들 또한 자신들이 받은 재산의 한도 내에서 상속세 납세의무를 부담하게 됩니다.

또한, 피상속인은 유언자유의 원칙에 따라 유언을 통해 본인의 재산을 자유롭게 처분하거나 상속인에게 귀속할 수 있으며, 상속인 외의 자에게도 증여할 수 있는 만큼 상속세 납세의무자는 이러한 피상속인의 유언에 따라 상속재산을 취득하는 자에게 부담하는 것이 타당합니다. 따라서, 현행 상증세법은 민법에서 규정하는 상속인 외에도 피상속인의 사망에 따라 개시되는 유언의 효력에 의해 상속재산을 증여받는 자, 즉 수유자를 상속세 납세의무자로 규정하고 있습니다.

상속세 및 증여세법 제3조의2
【상속세 납부의무】
① 상속인 또는 수유자는 상속재산 중 각자가 받았거나 받을 재산을 기준으로 대통령령으로 정하는 비율에 따라 계산한 금액을 상속세로 납부할 의무가 있다.

위와 같은 민법과 상증세법에서 규정하는 상속인 범위의 차이, 그리고 상증세법에서 규정하는 납세의무자의 범위를 도식화하면 다음과 같으며, 그 구체적인 내용은 후술하도록 합니다.

[상속세 납세의무자]

구분	내용	상증세법상 상속인 여부	상속세 납세의무	비고
민법상 상속인	① 법정상속인(다음 순위에 따라 상속인 결정) - 피상속인의 직계비속 - 피상속인의 직계존속 - 피상속인의 형제자매 - 피상속인의 4촌 내 방계혈족 ② 배우자 - 피상속인의 직계비속 & 직계존속이 있는 경우, 동순위로 공동상속인이 됨 ③ 대습상속인 - 상속인이 될 직계비속 또는 형제자매가 상속개시 전 사망하는 경우, 상속인이 될 사람을 대신하여 그의 자녀들과 배우자가 상속인이 됨	○	○	

구분	내용	상증세법상 상속인 여부	상속세 납세의무	비고
상속 결격자	상속결격자는 민법상 상속인이 아님(민법 제1004조) - 다만, 상속개시일 전 10년 이내에 피상속인으로부터 증여받은 재산이 있는 경우 상속세 납세의무 부담	○	○	
상속 포기자	상속포기자는 소급하여 처음부터 상속인이 아닌 것으로 봄(민법 제1042조) - 다만, 상속개시일 전 10년 이내에 피상속인으로부터 증여받은 재산이 있는 경우 상속세 납세의무 부담	○	○	
특별 연고자	특별연고자는 민법상 상속인이 아님 - 다만, 가정법원의 분여에 의해 상속재산 일부를 분여받을 수 있으므로 상속세 납세의무 부담	○	○	영리법인은 상속세 납세의무 대상 제외
수유자	수유자는 민법상 상속인이 아님 - 다만, 피상속인의 유언에 의해 상속재산 일부를 분여받을 수 있으므로 상속세 납세의무 부담	×	○	

(1) 상증세법에 따른 상속인: 법정상속인 및 배우자

민법은 피상속인의 직계비속, 직계존속, 형제자매, 4촌 이내의 방계혈족을 법정상속인으로 규정하고 있습니다. 따라서 만일 아버지가 사망하게 될 경우, 아버지의 직계비속인 그의 자녀, 직계존속인 조부모, 아버지의 형제자매, 아버지의 4촌 등은 모두 피상속인의 법정상속인에 해당합니다.

상속의 본질은 재산의 승계이므로 상속이 개시될 때에 상속인의 자격을 갖춘 사람이 여러 명일 경우 여러 분쟁이 발생할 수 있으므로, 민법은 법정상속인 중 상속재산을 승계받을 수 있는 상속인이 될 수 있는 상속순위를 법으로 규정하고 있습니다. 이 때 피상속인의 법률상 배우자는 피상속인의 직계비속 또는 피상속인의 직계존속인 상속인이 있는 경우에는 이들과 함께 공동상속인이 됩니다.

> 민법 제1000조
> 【상속의 순위】
> ① 상속에 있어서는 다음 순위로 상속인이 된다.
> 1. 피상속인의 직계비속
> 2. 피상속인의 직계존속
> 3. 피상속인의 형제자매
> 4. 피상속인의 4촌 이내의 방계혈족

> 민법 제1003조
> 【배우자의 상속순위】
> ① 피상속인의 배우자는 제1000조 제1항 제1호와 제2호의 규정에 의한 상속인이 있는 경우에는 그 상속인과 동순위로 공동상속인이 되고 그 상속인이 없는 때에는 단독상속인이 된다.

[상속의 순위(민법 제1000조)]

순위	상속인	비고
1	피상속인의 직계비속 (자녀, 손자녀 등)	– 직계비속이 수인 있는 경우, 촌수가 가까운 최근친 직계비속을 선순위 상속인으로 봄 – 태아는 이미 출생한 것으로 봄
2	피상속인의 직계존속 (부·모, 조부모 등)	직계비속이 없는 경우 상속인이 됨
3	피상속인의 형제자매	1, 2 순위가 없는 경우 상속인이 됨
4	피상속인의 4촌 이내의 방계혈족 (삼촌, 고모, 이모 등)	1, 2, 3 순위가 없는 경우 상속인이 됨

따라서 피상속인의 직계비속과 배우자가 있는 경우, 실제로 재산을 상속받는 상속인은 1순위에 해당하는 직계비속과 그의 배우자로 한정됩니다. 또한 직계비속이 수인 있는 경우, 촌수가 가까운 직계비속이 먼저 상속인이 되므로, 피상속인의 자녀들이 모두 상속을 포기하는 경우 피상속인의 배우자와 손자녀가 상속인이 됩니다.

(2) 상증세법에 따른 상속인: 대습상속인

민법은 피상속인의 직계비속, 직계존속, 형제자매, 4촌 이내의 방계혈족을 법정상속인으로 규정하고 있습니다. 다만 상속인이 될 수 있었던 피상속인의 직계비속이 상속개시 전에 사망하는 경우, 상속이 개시되더라도 피상속인의 직계비속은 사망에 따라 상속인의 범위에 속하지 않고 그에 따라 피상속인 직계비속의 친족은 상속재산에 대해 권리행사를 하지 못하는 어려움이 존재합니다.

민법 제1001조
【대습상속】
상속인이 될 직계비속 또는 형제자매가 상속개시 전에 사망하거나 결격자가 된 경우에 그 직계비속이 있는 때에는 그 직계비속이 사망하거나 결격된 자의 순위에 갈음하여 상속인이 된다.

이에 민법은 대습자의 상속에 대한 기대를 보호함으로써 공평을 꾀하고 생존 배우자의 생계를 보장하기 위하여 대습상속인 제도를 규정하고 있습니다. 대습상속인 제도는 상속인이 될 수 있었던 피상속인의 직계비속 또는 형제자매가 상속개시 전에 사망하거나 결격자가 된 경우, 그 직계비속이 있는 때에는 그 직계비속이 사망하거나 결격된 자의 순위에 갈음하여 상속인이 되는 제도를 의미합니다. 이때, 사망한 피상속인의 직계비속 또는 형제자매를 피대습자라고 하며, 피대습자의 사망에 따라 상속인의 지위에 갈음하는 자를 대습상속인이라고 합니다.

① 대습상속인의 요건

대습상속인으로서 상속인의 지위에 갈음하기 위해서는 i) 피대습자는 상속인이 될 직계비속 또는 형제자매로서, ii) 상속개시 전에 피대습자가 사망하거나 결격자가 되어야 하며, iii) 대습상속인은 피대습자의 직계비속이나 배우자여야 하며, iv) 대습상속자도 피상속인에 대한 상속결격자가 아니어야 합니다.

대습상속 요건(민법 제1001조)	
상속인(피대습자) 요건	1. 상속인은 피상속인의 직계비속 또는 형제자매에 해당해야 함 2. 상속이 개시되기 전 상속인(피대습자)이 사망하거나 결격자가 되어야 함
대습상속인 요건	3. 대습상속인은 상속인(피대습자)의 직계비속이나 배우자여야 함 4. 대습상속인이 결격자가 아니여야 함

② 대습상속의 효과

대습상속인의 요건을 충족한 피대습자의 직계비속 또는 배우자는 피대습자의 순위에 갈음하여 상속인이 됩니다. 이 경우 대습상속인은 피대습자가 받았을 상속분만큼 피상속인을 상속하게 됩니다.

이 때 대습상속인은 피대습자에게 예정되어 있는 상속분을 상속하게 되며 만일 대습상속인이 여러 명 있을 경우 피대습자의 지분을 법정상속비율대로 승계하게 됩니다. 따라서 피대습자의 상속분이 1/2이고 피대습자의 직계비속 갑(1), 을(1)과 배우자 병(1.5)이 있을 경우 대습상속인들은 각각 갑(1/7, 1/2*1/3.5), 을(1/7, 1/2*1/3.5), 병(1.5/7, 1/2*1.5/3.5)의 상속분을 승계받게 됩니다.

(3) 상증세법에 따른 상속인: 상속결격자 & 특별연고자 & 상속포기자

① 상속결격자

피상속인의 유산을 상속인들이 승계하는 것은, 그 사람들 사이에 긴밀한 정서적·경제적 유대관계가 있는 것을 전제로 합니다. 따라서 이러한 유대관계를 깨뜨리는 비행이 있는 자에게 현행 민법은 상속권을 인정하지 않고 있는데, 이를 상속결격이라 합니다.

민법은 피상속인에 대한 패륜행위와 피상속인의 유언에 대한 부정행위로 그 사유를 나누어 상속결격 사유를 구체적으로 열거하고 있으며, 만일 상속인이 그러한 상속결격 사유에 해당하는 경우 상속인의 자격을 박탈하는 내용을 규정하고 있습니다. 따라서 만일 상속인이 법에서 규정한 행위를 하게 된다면, 해당 상속인은 상속인이 되지 못하고 상속권을 박탈당하게 됩니다.

상속권을 박탈당하게 된다는 것은 해당 상속인이 피상속인의 상속재산에 대한 어떠한 권한도 부여받지 못한다는 것을 뜻하므로 민법은 엄격히 그 사유를 열거하고 있습니다.

상속인 결격사유(민법 제1004조)	
살인 또는 살인미수	1. 고의로 직계존속, 피상속인, 그 배우자 또는 상속의 선순위나 동순위에 있는 자를 살해하거나 살해하려 한 자 　– 고의의 범죄에 한하므로, 과실치사는 해당하지 않음 2. 고의로 직계존속, 피상속인과 그 배우자에게 상해를 가하여 사망에 이르게 한 자
유언에 대한 부정행위	3. 사기 또는 강박으로 피상속인의 상속에 관한 유언 또는 유언의 철회를 방해한 자 　– 무효인 유언에 대해서는 유언행위를 방해해도 무의미하며 손해를 생기게 할 여지가 없기 때문에 해당사항 없음 　– 이러한 방해행위는 자기에게 상속에 의하여 상속재산을 귀속시키거나 또는 보다 한층 유리하게 귀속시키려는 고의가 있어야 함 4. 사기 또는 강박으로 피상속인의 상속에 관한 유언을 하게 한 자 5. 피상속인의 상속에 관한 유언서를 위조·변조·파기 또는 은닉한 자 　– 위조란 피상속인 명의를 임의로 활용해 유언서를 작성하는 것을 의미함 　– 변조란 상속인이 피상속인 작성 유언서 내용을 마음대로 고치는 것을 의미함 　– 위의 행위는 고의에 기인하여야 하며, 과실로 인한 경우 해당사항 없음

위와 같은 결격사유가 발생할 경우, 상속인은 상속받을 자격을 잃게 됩니다. 민법은 이러한 결격자에게 있어 특별한 의사표시나 판결이 필요하지 않으며, 상속개시 전에 결격사유가 생기면 그 상속인은 후일에 상속이 개시되더라도 상속을 받을 수 없습니다. 이에 따라 상속 개시 후에 결격사유가 생긴 경우에는 일단 유효하게 개시한 상속도 그 개시 시에 소급하여 무효가 됩니다.

한편 현행 상증세법은 민법상 상속결격자도 상증세법에 따른 상속인으로 보아 상속세 납세의무를 부여하고 있습니다. 이는 상속세 계산 시 상속개시일로부터 10년 내에 상속인에게 사전증여가 있는 경우 상속세 과세가액에 이를 가산하여 계산하도록 규정하고 있는데, 만일 상속결격자를 상증세법에 따른 상속인으로 정의하지 않으면, 상속 결격자가 사전에 증여받은 재산에 대하여 상속결격자가 아닌 다른

상속세 및 증여세법 제2조
【정의】
4. "상속인"이란 「민법」…제1004조(상속결격자)에 따른 상속인을 말하며…

상속인들에게 세부담의 효과가 전가되기 때문입니다. 따라서 상속결격자 또한 본인이 받은 재산의 한도 내에서 상속세 납세의무가 존재합니다.

② 특별연고자

특별연고자란 피상속인과 생계를 같이 하고 있던 자, 피상속인의 요양간호를 한 자, 피상속인이 의뢰하여 피상속인과 그 선조의 제사를 봉행할 사람, 유산을 관리하던 사람, 사실혼 관계에 있던 자 등 피상속인과 특별한 연고가 있던 자를 뜻합니다. 이러한 특별연고자는 민법상 피상속인에 대한 상속권이 존재하는 상속인에 해당하지 않습니다.

법원은 상속이 개시되었음에도 불구하고 상속인이 없거나 상속인의 존부가 불명확한 경우 상속인 수색을 위한 공고를 진행해야 하는데, 이러한 공고기간 내에도 상속권을 주장하는 자가 없을 경우, 가정법원은 특별연고자(피상속인과 특별한 연고가 있던 자 등)의 청구에 의하여 상속재산의 전부 또는 일부를 분여할 수 있습니다(만일 특별연고자에게 분여되지 않은 재산이 있는 경우 그러한 상속재산은 국가에 귀속됩니다).

민법 제1057조의2
【특별연고자에 대한 분여】
① 제1057조의 기간 내에 상속권을 주장하는 자가 없는 때에는 가정법원은 피상속인과 생계를 같이 하고 있던 자, 피상속인의 요양간호를 한 자 기타 피상속인과 특별한 연고가 있던 자의 청구에 의하여 상속재산의 전부 또는 일부를 분여할 수 있다.

[특별연고자에 대한 재산분여절차 개관][3]

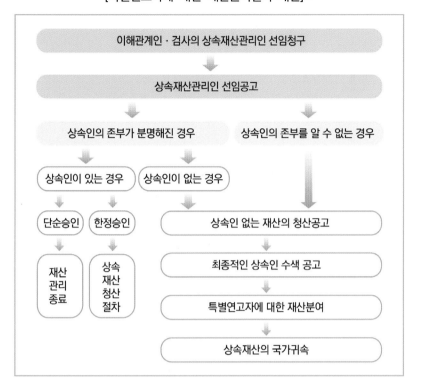

즉 특별연고자는 민법상 상속인은 아니지만 특별연고자가 상속재산을 분여 받는 것은 상속인이 피상속인의 상속재산을 상속받는 것과 경제적 실질이 동일하기 때문에, 상증세법은 특별연고자를 상증세법에 따른 상속인의 범위에 포함시켜, 특별연고자가 받았거나 받을 재산을 기준으로 계산한 금액을 한도로 상속세 납세의무를 부여하고 있습니다.

③ 상속포기자

상속인이 법 소정의 절차에 따라 상속을 포기하게 되면 상속기시된

---

[3] 법제처, "상속인이 없는 경우에 재산분여절차 개관" 참고

때에 소급하여 그 효력이 발생하므로 상속기시된 때에 상속인이 아니었던 것이 됩니다. 따라서 상속포기자는 상속인이 아니었던 자가 되므로 민법상 상속인이 아니게 되고, 상속재산에 대한 상속권 또한 존재하지 않게 됩니다.

다만 상속포기자를 상증세법에 따른 상속인의 범위에 포함시키지 않을 경우, 피상속인이 살아있는 동안에 상속인에게 대부분의 재산을 증여하고 상속개시 후 상속인이 상속을 포기함에 따라 상속세 납부의무를 지니지 않게 되는 사례가 발생할 수 있는 바, 현행 상증세법은 상속포기자 또한 상증세법에 따른 상속인의 범위로 포함시켜 이러한 편법을 원칙적으로 차단하고 있습니다.

따라서 상속포기자의 경우 상속개시일 전 10년 내 사전증여재산이 있는 경우 상속세 납세의무를 부담하게 되며, 상속개시일 전 10년 내 사전증여재산이 없는 경우 상속포기자가 부담해야 할 상속세 또한 존재하지 않습니다.

(4) 수유자

피상속인은 사망 시 유언에 의해 자신의 상속재산을 자유롭게 처분할 수 있는데, 수유자는 피상속인의 유증 또는 사인증여 등에 의해서 재산을 무상으로 증여받는 자를 뜻합니다.

수유자(상증세법 제2조)
가. 유증을 받은 자 (2020.12.22. 개정)
나. 사인증여에 의하여 재산을 취득한 자 (2020.12.22. 개정)
다. 유언대용신탁 및 수익자연속신탁에 의하여 신탁의 수익권을 취득한 자

수유자는 피상속인의 자산을 유증(사인증여)받는다는 점에서 피상속인 생전에 자산을 증여받는 수증자와 그 경제적 실질이 유사합니다. 다만, 상증세법은 증여의 범위에서 유증과 사인증여를 그 대상에서 제외하고 있으며, 상증세법상 상속의 범위에 유증을 포함하고 있기에 수증자를 수유자와 별도로 구분하여 정의합니다.

유증은 유언자가 유언에 의하여 그 재산상의 이익을 수유자에게 무상으로 이전하는 단독행위로서, 피상속인의 사망을 원인으로 하여 피상속인의 상속재산이 이전된다는 점에서 사인증여와 그 경제적 실질이 동일합니다. 다만 유증은 유효한 유언을 기초로 하는 피상속인의 단독행위인 반면, 사인증여는 생전에 수유자와 피상속인의 협의에 의해 이루어진다는 점에서 차이가 존재합니다.

유증, 사인증여 등의 원인에 따라 수유자가 취득하는 상속재산은 상속이 개시되어 상속인들이 상속재산을 승계하는 것과 경제적 실질이 유사하기에 상증세법은 수유자에게 실질적으로 상속인과 동일하게 상속세 납세의무를 부여하고 있습니다(상증세법 제3조의2).

> 상속세 및 증여세법 제2조
> 【정의】
> 이 법에서 사용하는 용어의 뜻은 다음과 같다.
> 1. "상속"이란 「민법」 제5편에 따른 상속을 말하며, 다음 각 목의 것을 포함한다.
>   가. 유증(遺贈)

5 상속분

상속인별로 받을 수 있는 상속재산 비율은
어떻게 정해지나요?

KEY POINT

상속분: 공동상속인이 상속재산에 대해 갖는 각 상속인의 몫을 뜻하며, 유언 등에 의해 지정상속분이 규율되지 않는 경우 통상적으로 법정상속분에 규정된 비율(균분상속, 배우자의 경우 5할 가산)을 따르게 됩니다.

기여분이 있는 경우의 상속분: 기여자에 대한 기여분은 상속분 대상이 되는 상속재산에서 차감하게 되므로, 각 공동상속인별 상속분은 상속재산에서 기여분을 차감한 가액에 법정상속비율을 곱하여 산정하게 됩니다.

피상속인의 사망에 따라 상속이 개시되면 상속인에게 피상속인의 재산에 대한 권리의무가 포괄적으로 승계됩니다. 만일 상속인이 여러 명 있는 경우 상속인은 상속재산을 공동으로 승계하게 되는데, 이를 공동상속인이라 하며 공동상속인은 각자의 권리에 따라 피상속인의 권리의무를 승계하게 됩니다.

여기서 상속분이란 공동상속인이 자산, 부채 등 상속재산에 대한 각 상속인의 몫을 뜻합니다. 통상적으로 이러한 상속분은 통상적으로 상속재산의 %(비율)를 통해 표현되는데, 이러한 상속분은 피상속인의 유언에 따라 구체적인 상속분이 결정될 수 있으며, 이러한 유언이 없는 경우 민법에서 규정한 법정상속분대로 각 상속인들의 상속분이 결정됩니다.

① 지정상속분

피상속인은 법정상속분에 우선하여 공동상속인의 상속분을 지정할
수 있습니다. 통상적으로 그 방법은, 유언을 통해 행해지는데, 민법
은 피상속인이 유언으로 상속재산의 분할방법을 정할 수 있다고 규정
하고 있습니다. 따라서 피상속인이 유언을 통해 상속인 갑, 을, 병에
게 각각 상속재산의 1/2, 1/4, 1/4을 준다는 상속분의 안분을 할 수
있습니다.

민법 제1012조
【유언에 의한 분할방법의 지정,
분할금지】
피상속인은 유언으로 상속재산의
분할방법을 정하거나 이를 정할 것
을 제삼자에게 위탁할 수 있고 상속
개시의 날로부터 5년을 초과하지
아니하는 기간 내의 그 분할을 금지
할 수 있다.

② 법정상속분

피상속인이 유언을 통해 상속분을 명확히 규정하는 경우가 많지 않
으므로 일반적인 상속의 경우 상속분은 법정상속분에서 규정된 비율
에 따르게 됩니다. 균분상속의 원칙에 따라 동순위의 상속인이 여러
명 있는 경우 그 상속분은 균분을 원칙으로 하며, 피상속인 배우자의
상속분은 직계존속 또는 직계비속의 균분상속분에 5할을 가산한 비율
을 상속분으로 규정하고 있습니다.

민법 제1009조
【법정상속분】
① 동순위의 상속인이 수인인 때에
는 그 상속분은 균분으로 한다.

구분	상속인	상속분	비율
자녀 및 배우자가 있는 피상속인의 경우	장남, 배우자만 있는 경우	장남 1	2/5
		배우자 1.5	3/5
	장남, 장녀(미혼), 배우자만 있는 경우	장남 1	2/7
		장녀 1	2/7
		배우자 1.5	3/7
	장남, 장녀(출가), 2남, 2녀 배우자가 있는 경우	장남 1	2/11
		장녀 1	2/11
		2남 1	2/11
		2녀 1	2/11
		배우자 1.5	3/11
자녀는 없고 배우자 및 직계존속(부·모)이 있는 피상속인의 경우		부 1	2/7
		모 1	2/7
		배우자 1.5	3/7

③ 기여분이 있는 경우의 상속분

민법 제1008조의2
【기여분】
② 제1항의 협의가 되지 아니하거나 협의할 수 없는 때에는 가정법원은 제1항에 규정된 기여자의 청구에 의하여 기여의 시기·방법 및 정도와 상속재산의 액 기타의 사정을 참작하여 기여분을 정한다.

기여분이란, 공동상속인들 중 피상속인을 부양한 사람이나 피상속인 재산의 유지나 증가에 대하여 특별히 기여한 경우 그 기여한 만큼의 재산을 상속분으로 인정하는 제도를 뜻합니다. 통상적으로 공동상속인 간 협의에 의하여 기여분 산정이 가능한 경우, 협의에 의한 가액을 기여자에 대한 기여분으로 보게 되며, 이러한 협의가 이루어지지 않을 경우, 가정법원은 기여자의 청구에 의해 기여분을 산정하게 됩니다.

공동상속인 중에서 기여자가 있는 경우에는 상속개시 당시의 피상속인의 재산가액에서 공동상속인의 협의로 정한 기여분을 공제한 것을 상속재산으로 보고 법정 상속분에 따라 산정한 상속분을 각자의 상속분으로 계산하게 됩니다. 즉, 기여자의 경우 다른 상속인에 비해 기여분만큼의 상속재산을 본인의 상속분으로 확보하게 됩니다.

6 상속재산분할
상속인 간 재산은 어떤 방법으로 나누게 되나요?

KEY POINT

상속재산분할: 상속재산분할 협의에 따라 소유권이 구분되기 전 상속인들은 상속재산을 공유상태로 소유하게 되며, 상속재산이 공유된 상태에서는 상속재산의 관리·처분에 있어 의사결정의 합치를 통해 이루어져야 한다는 단점이 존재합니다. 결국 원활한 상속재산의 사용·수익·처분을 위해서는 상속재산에 대한 분할이 필요합니다.

상속재산분할 방법: 상속재산분할의 방법으로는 크게 세 가지로 나누어집니다.

- 유언에 의한 지정분할: 피상속인이 생전에 작성한 유언에 따라 특정재산에 대한 귀속을 구분하거나 상속인별 상속분을 규정할 수 있습니다.
- 상속인 간 협의분할: 공동상속인 전원의 합의가 있을 경우 협의분할이 가능하며, 상속인들 중 일부를 제외한 협의는 무효입니다.
- 법원에 의한 심판분할: 상속인 간 조정의 과정을 거친 이후 법원의 심판에 의해 상속재산이 분할되며, 각 상속인의 상속분대로 귀속이 정해집니다.

상속과 관련하여 발생하는 대다수의 송사는 결국 상속인 간 재산분할의 합법성과 타당성에 밀접히 연관되어 있습니다. 상속법의 목적이 상속재산에 대한 권리관계를 명확히 하여 법적 안정성을 도모하고자 함에 있듯이, 상속인 간 법률적 효력이 있는 재산분할은 가족간에 화합을 도모할 수 있는 최선의 방안이기도 하며, 만일 흠결이 있는 재산분할이 이루어질 경우, 언제든 그 흠결은 상속인 간 분쟁을 불러올 수 있는 계기가 되기에 법적 안정성을 위하여 법률적 효과가 있는 상속재산의 분할은 상속을 맞이하는 상속인들에게 있어 무척 중요합니다.

(1) 상속재산분할의 필요성

현행 민법은 남자·여자, 기혼·미혼, 장남·차남 등 상속인의 신분에 따른 차별을 두고 있지 않으며 완전한 균분상속을 원칙으로 합니다. 따라서, 상속인이 여러 명 있는 경우 공동상속인은 각자의 상속분에 따라 피상속인의 권리의무를 승계하며, 상속재산에 대한 분할이 이루어지기 전까지는 상속재산을 공유(共有)합니다. 여기서 공유란 물건이 지분에 따라 여러 명의 소유로 된 것을 의미합니다.

앞서 살펴본 것처럼, 피상속인의 유언에 의한 상속분이 지정되지 않는 한, 공동상속인들은 피상속인의 배우자를 제외하고, 동일한 비율의 상속분을 갖게 되는데, 상속재산의 처분을 위해서는 공동상속인 지분의 과반 이상의 동의가 필요하는 등 상속재산의 관리·처분에 있어 제약이 존재합니다. 또한 등기를 필요로 하는 재산의 경우, 상속재산에 대한 등기가 이루어지지 않는 경우 제3자에 대한 소유권이전이 불가능합니다. 따라서 상속인 간 상속재산의 분할을 통해 공유관계를 해소해야 상속인별 각자의 상황에 맞추어 상속재산을 처분하는 등 경제적 의사결정 재량이 생기게 됩니다.

민법 제1006조
【공동상속과 재산의 공유】
상속인이 수인인 때에는 상속재산은 그 공유로 한다.

민법 제187조
【등기를 요하지 아니하는 부동산 물권취득】
상속, 공용징수, 판결, 경매 기타 법률의 규정에 따른 부동산에 관한 물권의 취득은 등기를 요하지 아니한다. 그러나 등기하지 아니하면 이를 처분하지 못한다.

공동상속재산의 관리(민법 제263조 내지 제266조)
- 공동상속인은 다른 공유자의 동의 없이 공동상속재산의 처분 및 변경이 금지되며, 공동상속재산의 관리에 관한 사항은 공동상속인 지분의 과반수로써 결정됨 - 공동상속인은 본인의 지분 비율 내에서 공동상속재산을 사용, 수익할 수 있음 - 공동상속인은 본인의 지분 비율 내에서 공동상속재산에 관한 관리비용을 부담해야 하며, 공동상속인이 1년 이상 공동상속재산 관리비용에 관한 의무이행을 지체한 때에는 다른 공동상속인은 상당한 가액으로 지분 매수가 가능함

공동상속재산의 양수(민법 제1011조)
- 공동상속인 중에 그 상속분을 제3자에게 양도한 사람이 있는 때에는 다른 공동상속인은 그 가액과 양도비용을 상환하고 그 상속분을 양수할 수 있음. - 이 때, 제3자에게 양도된 상속분을 양수할 수 있는 권리는 그 사유를 안 날부터 3개월, 그 사유가 있는 날부터 1년 내에 행사해야 함

(2) 상속재산분할의 방법

상속이 개시됨에 따라 피상속인의 재산은 법정상속분대로 공동상속인들의 공유로 되는 것이지만, 이는 어디까지나 잠정적이고 과도기적인 상태에 불과합니다. 결국 원활한 상속재산의 사용·수익·처분을 위해서는 상속재산에 대한 분할이 필요합니다. 상속인 간 상속재산의 분할방법은 크게 ① 유언에 의한 지정분할, ② 상속인 간 협의분할, ③ 법원에 의한 심판분할 세 가지로 나누어 볼 수 있습니다.

① 유언에 의한 지정분할

민법 제1012조
【유언에 의한 분할방법의 지정, 분할금지】
피상속인은 유언으로 상속재산의 분할방법을 정하거나 이를 정할 것을 제삼자에게 위탁할 수 있고 상속개시의 날로부터 5년을 초과하지 아니하는 기간 내의 그 분할을 금지할 수 있다.

피상속인은 유언으로 상속재산의 분할방법을 정하거나 이를 정할 것을 제삼자에게 위탁할 수 있습니다. 따라서 피상속인은 유언에 의하여 본인의 재산을 자유롭게 처분하거나, 상속인에게 귀속하거나, 상속인 외의 자에게도 증여할 수 있습니다(유언자유의 원칙). 피상속인이 생전에 작성한 유언에 따라 특정재산에 대한 귀속을 구분하거나, 각 상속인별 상속분을 규정하였다면, 그 유언내용에 따라 각 상속인별 상속재산에 대한 귀속이 정해집니다.

② 상속인 간 협의분할

공동상속인들은 언제든지 그 협의에 의하여 상속재산을 분할할 수 있습니다. 상속인 간 협의분할에는 특정한 기일이 존재하지 아니하며, 상속인 간 협의분할 시 각 상속인들이 받을 수 있는 법정상속분을 초과하여 특정인에게 상속재산을 분할하는 협의분할 또한 유효합니다.

이러한 협의분할에는 당사자 전원의 합의가 있으면 되고, 분할방법과 관련하여 특별한 방식을 필요로 하지 않으므로, 개별 상속재산에 대한 귀속을 나누는 방안, 각 상속재산별 평가를 진행한 후 평가가액별로 상속분을 분할하는 방안, 이를 절충하는 방안 등 협의분할은 공동상속인 간의 동의·협의를 통해 진행된다면 모두 유효합니다.

상속재산의 분할에는 공동상속인 전원이 참여해야 하며, 분할협의에 참가한 상속인이 무자격자이거나, 상속인의 일부를 제외해서 분할의 협의를 한 경우에는 무효입니다. 또한 상속인 중 한 사람이 미성년자인 경우에는 미성년자의 보호를 위해 특별대리인이 선임되어야 합니다. 만일 특별대리인의 선임 없이 협의가 이루어졌다면 해당 협의는 무효입니다. 상속재산 분할협의는 공동상속인들 사이에 이루어지는 일종의 계약이므로 상속재산에 대해 협의분할을 마친 후 협의분할에 누락된 새로운 상속재산을 발견한 경우, 기존의 분할협의를 공동상속인 전원의 합의에 의하여 해제한 다음 다시 새로운 분할협의를 할 수 있습니다.

민법 제1013조
【협의에 의한 분할】
① 전조의 경우외에는 공동상속인은 언제든지 그 협의에 의하여 상속재산을 분할할 수 있다.

대법원 1987.3.13. 선고 85므80 판결

대법원 1993.4.13. 선고 92다 54524 판결

대법원 2004.7.8. 선고 2002다 73203 판결

상속재산 분할협의는 공동상속인들 사이에 이루어지는 일종의 계약으로서, 공동상속인들은 이미 이루어진 상속재산 분할협의의 전부 또는 일부를 전원의 합의에 의하여 해제한 다음 다시 새로운 분할협의를 할 수 있고…

③ 법원에 의한 심판분할

상속인 간 상속재산의 협의분할이 원활히 이루어지지 않는다면 법원에 상속재산에 대한 분할을 요청할 수 있습니다. 상속재산심판분할이란 공동상속인 사이에 분할의 협의가 이루어지지 않은 경우 가정법원에 청구하는 분할방법을 말합니다.

이러한 상속재산분할 심판청구는 민법상 가사소송사건에 속하기 때문에, 가정법원에 심판을 청구하기 전 조정의 과정을 거쳐야 하며, 조정이 성립하지 않는 경우에만 심판분할절차가 시작됩니다. 상속재산분할 심판청구가 제기되면 가정법원은 피상속인에 대한 재산분할에 관한 심판을 결정하게 되며, 이 때 기준이 되는 각 상속인의 몫은 각 상속인의 상속분에 의거하게 됩니다.

심판분할의 구체적인 방식은 상속인별 상속분에 대한 현물분할을 원칙으로 하지만, 부동산 지분 등 현물분할로 인해 현저히 그 가치가 감소할 염려가 있거나 현물분할 자체가 어려운 상속재산이 있는 경우 해당 재산에 대한 경매를 명령하고, 경매의 결과로 사취하게 되는 경락대금을 상속인별 상속분대로 나누어 귀속하도록 심판할 수도 있으며, 특정 상속인이 상속재산 대부분을 취득하고 나머지 상속인에게는 각 상속인별 상속분만큼 특정 상속인이 현금으로 정산할 것을 명령할 수도 있습니다.

7 유언
아버지의 유언장이 발견되었는데, 자녀들 간 협의를 우선하나요?

⊙ KEY POINT

유언: 유언을 통해 피상속인은 특정 상속재산의 귀속, 유증, 상속재산의 분할방법 등을 정할 수 있으므로 법적 효력을 갖는 유언은 상속인 간 분쟁을 감소시키는데 중요한 역할을 합니다.

법적 효력이 있는 유언의 종류: 민법에서 규정한 다섯 가지 방법(자필증서, 녹음, 공정증서, 비밀증서, 구수증서) 외에 유언은 무효이며, 다섯 가지 방법이라 하더라도 법에서 규정한 방식을 따르지 않을 경우 그러한 유언은 무효임.

피상속인의 생전 의지에 따라 상속은 가족 간 분쟁없이 화목을 도모할 수도 있고, 기존에는 없던 친족간 불화를 일으킬 수도 있습니다. 여기서 가장 중요한 역할을 하는 것이 유언장의 존재, 혹은 법적 효력이 있는 유언행위입니다. 피상속인이 상속을 미리 준비하여 자기의 의사를 분명하게 상속인들에게 표명하고, 그 표명한 유언을 법적인 효력이 있는 행위로 관철된다면 상속인들의 협의에 따른 재량이 줄어들고 피상속인의 의지와 철학을 받들어 승계할 가능성이 커지게 됩니다.

(1) 유언의 의의와 효력

유언의 존재는, 피상속인의 재산 뿐만 아니라 피상속인이 생전에 갖고 있던 철학을 상속인들에게 전하는 마지막 편지이기도 합니다. 피상속인이 일군 재산은 피상속인의 지나온 삶을 상속인들이 반추하게 해주는 역할을 하면서 그 철학을 다시금 깨닫도록 하는 계기가 되기 때문입니다. 따라서 피상속인은 유언을 통해서 피상속인이 겪어온 삶의 여정이 하루아침에 이루어진 것이 아니고, 수많은 역사와 경험의 산물임을 상속인들로 하여금 인식시켜 주는 것이 중요합니다. 그럼으로서, 상속인들은 피상속인의 재산을 소중히 여기고, 남은 여생을 살아감에 있어 피상속인의 철학을 항상 기억하고 가슴에 새기며 성장과 번영을 위한 마중물이 될 것입니다.

유언은 피상속인의 자유로운 최종적 의사를 존중하기 위한 제도로 피상속인은 유언에 의하여 자기의 재산을 자유롭게 처분할 수 있고 이를 유언자유의 원칙이라고 하며, 유언자의 의사에 의하여 법률효과를 발생시킬 수 있기 때문에 유언의 힘은 강력합니다. 피상속인이 유언을 통해 만들어낼 수 있는 법률효과는 다음과 같습니다.

유언을 통해 할 수 있는 사항(유언의 법률효과)		
가족관계	1. 자녀가 친자가 아니라는 친생부인을 할 수 있습니다.	민법 제850조
	2. 혼인 외 출생자를 자기의 아이로 인지시킬 수 있습니다.	민법 제859조 제2항
	3. 미성년자에 대한 후견인 또는 후견감독인을 지정할 수 있습니다.	민법 제931조
상속재산 처분·관리	1. 상속인 외 제3자에게 유증할 수 있습니다.	민법 제1074조
	2. 상속재산의 분할방법(특정 재산 귀속, 상속분 설정 등)을 지정할 수 있습니다.	민법 제1012조
	3. 상속재산의 분할을 특정기한(5년 내) 동안 금지할 수 있습니다.	민법 제1012조

(2) 법적 효력을 갖는 유언의 종류 및 방법

유언은 유언자의 사망 후에 그 효력이 발생하기 때문에, 피상속인의 사망 이후 피상속인이 남긴 유언이 진위인지 여부의 판단은 상속인들의 상속재산의 취급과 관련하여 매우 예민하고 민감하게 받아들일 수 있습니다. 따라서 일반적으로 가족이나 주변인들에게 구두로서 남기는 당부는 법률적 효과의 유언으로 인정될 수 없습니다. 유언에 엄격한 방식을 요하는 것은 유언자의 진정한 의사를 명확히 하여 법적 분쟁과 혼란을 예방하기 위한 것이므로, 법이 정한 요건과 방식에 어긋난 유언은 그것이 유언자의 진정한 의사에 합치하더라도 무효가 됩니다.

법적 효력을 갖는 의미의 진정한 유언에는 엄격한 요식성을 필요로 하고, 법에서는 유언방식으로 다섯 가지 행위(자필증서, 녹음, 공정증서, 비밀증서, 구수증서)로 한정하고 있습니다. 다만 위 다섯 가지 종류의 유언이라 하더라도, 법에서 규정한 엄격한 요건을 준수해야 비로소 법적 효력을 지니는 유언으로서의 의미를 지니게 되며, 법에서 규정한 방식에 따르지 않을 경우 해당 유언은 무효가 됩니다.

민법 제1073조
【유언의 효력발생시기】
① 유언은 유언자가 사망한 때로부터 그 효력이 생긴다.

대법원 2006.3.9. 선고 2005다57899 판결

유언의 방식을 엄격하게 규정한 것은 유언자의 진의를 명확히 하고 그로 인한 법적 분쟁과 혼란을 예방하기 위한 것이므로, 법정된 요건과 방식에 어긋난 유언은 그것이 유언자의 진정한 의사에 합치하더라도 무효라고 하지 않을 수 없다.

민법 제1060조
【유언의 요식성】
유언은 본법의 정한 방식에 의하지 아니하면 효력이 생하지 아니한다.

[법적 효력을 갖는 유언의 종류 및 법정 요건]

구분	내용
자필증서	- 자필증서에 의한 유언은 유언자가 ① 전문과, ② 연월일, ③ 주소, ④ 성명을 자서하고 날인하여야 합니다. 이 중 어느 하나라도 누락이 된다면 해당 유언장은 효력이 없습니다. - 만일, 자필증서에 문자의 삽입, 삭제 또는 변경을 함에는 유언자가 이를 자서하고 날인하여야 합니다.
녹음	- 녹음에 의한 유언은 유언자가 유언의 취지, 그 성명과 연월일을 구술하고 이에 참여한 증인이 유언의 정확함과 그 성명을 구술하여야 합니다.
공정증서	- 공정증서에 의한 유언은 유언자가 증인 2인이 참여한 공증인의 면전에서 유언의 취지를 말로써 전달하고, 공증인이 이를 필기낭독하여 유언자와 증인이 그 정확함을 승인한 후 각자 서명 또는 기명날인하여야 합니다.
비밀증서	- 비밀증서에 의한 유언은 유언자가 필자의 성명을 기입한 증서를 엄봉 날인하고 이를 2인 이상의 증인의 면전에 제출하여 자기의 유언서임을 표시한 후 그 봉서표면에 제출 연월일을 기재하고 유언자와 증인이 각자 서명 또는 기명날인해야 합니다. - 이 유언봉서는 그 표면에 기재된 날로부터 5일 내에 공증인 또는 법원서기에게 제출하여 그 봉인상에 확정일자인을 받아야 합니다.
구수증서	- 구수증서에 의한 유언은 질병 기타 급박한 사유로 인하여 위 네 가지 방식에 의할 수 없는 경우에 유언자가 2인 이상의 증인의 참여로 그 1인에게 유언의 취지를 설명하고 그 설명을 들은 자가 이를 필기낭독하여 유언자의 증인이 그 정확함을 승인한 후 각자 서명 또는 기명날인해야 합니다. - 이 유언은 그 증인 또는 이해관계인이 급박한 사유의 종료한 날로부터 7일 내에 법원에 그 검인을 신청해야 합니다.

8 재외동포의 상속세 납세의무
재외동포가 사망해도 상속세를 납부해야 하나요?

재외동포의 상속세 납세의무 여부: 국적과 관계없이 재외동포가 거주자일 경우 국내외 모든 재산에 대한 상속세를 납부해야 하며, 비거주자인 경우 국내소재 재산에 대한 상속세만 납부하면 됩니다.

거주자·비거주자 판단: '국내에 183일 이상의 거소를 두었는지' 또는 '국내에 주소를 두었는지'에 따라 거주자 여부를 판단하며, 국내에서 생계를 같이 하는 가족 및 국내에 소재하는 자산의 유무 등 생활관계 등을 두루 살펴 보고 판단하게 됩니다.

수십 년간 경제생활을 하며 제법 적지 않은 돈을 모은 A씨, 자녀들에게 자신이 모은 재산을 최대한 많이 물려주고 싶은데 상속세라는 존재가 항상 A씨의 발목을 잡습니다. 그러던 어느날 A씨는 문득 '상속세는 국세청이 우리나라의 법률에 근거하여 부과하는 것이니, 해외에서 거주하다가 사망하게 되면 상속세를 내지 않아도 되나?'라는 호기심을 갖게 됩니다. 과연 A씨의 생각대로 우리나라 국세청은 A씨가 해외에서 사망할 경우 A씨에게 과세할 권한이 없을까요?

(1) 우리나라 국세청의 과세권

헌법은 "조세의 종목과 세율은 법률로 정한다"는 표현으로 조세법률주의 원칙을 선언하고 있으며, 현행 상증세법은 이러한 과세대상 상속재산을 규정함에 있어 피상속인이 거주자인지, 비거주자인지 여부로 나누어 거주자의 경우 국내·외의 모든 상속재산을 과세대상으로 규정하고 있으며, 피상속인이 비거주자인 경우 국내에 있는 상속재산에 대해서만 상속세 과세대상으로 규정하고 있습니다.

상속세 및 증여세법 제3조 【상속세 과세대상】

상속개시일 현재 다음 각 호의 구분에 따른 상속재산에 대하여 이 법에 따라 상속세를 부과한다.
1. 피상속인이 거주자인 경우: 모든 상속재산
2. 피상속인이 비거주자인 경우: 국내에 있는 모든 상속재산

따라서, 앞서 말씀드린 일화에서 피상속인 A씨의 상속이 개시된 경우, A씨의 사망장소는 A씨의 상속세 과세여부에 영향을 미치지 않으며, A씨가 세법상 거주자 혹은 비거주자인지 판단하는 것이 국세청의 과세권 범위를 규정하는 중요한 판단요소가 됩니다.

(2) 거주자·비거주자의 구분

① 현행 세법상 거주자 판단기준

소득세법 제1조의2
【정의】
① 이 법에서 사용하는 용어의 뜻은 다음과 같다.
1. "거주자"란 국내에 주소를 두거나 183일 이상의 거소(居所)를 둔 개인을 말한다.
2. "비거주자"란 거주자가 아닌 개인을 말한다.

현행 상증세법은 거주자의 판단기준을 소득세법 판단기준을 따르도록 규정하고 있으며, 소득세법은 국내에 주소 또는 183일 이상의 거소를 둔 개인을 '거주자'로 정의하고 있으며, 거주자가 아닌 개인은 '비거주자'에 해당한다고 규정합니다. 따라서 세법은 개인의 국적이 한국인지 아닌지 여부와 관계없이 ① 국내에 183일 이상의 거소를 두었는지 또는 ② 국내에 주소를 두었는지 여부에 따라 '거주자' 여부를 판단합니다.

먼저, 소득세법이 제시하고 있는 두 가지 기준 중 '① 국내에 183일 이상의 거소'의 경우, 체류일수를 기준으로 비교적 명확한 판단이 가능합니다. 소득세법 시행령은 국내에 거소를 둔 기간은 입국하는 날의 다음 날부터 출국하는 날까지로 계산하되, 출국목적이 관광이나 질병의 치료 등 일시적인 사유일 경우 그 출국한 기간도 국내에 거소한 기간에 포함하도록 규정하고 있습니다. 또한 국내에 거소를 둔 기간이 1과세기간 동안 183일 이상인 경우에는 국내에 183일 이상 거소를 둔 것으로 본다고 규정하고 있기에, 어떠한 개인이 1년 중 183일 이상을 국내에 체류(거주)하면 국내거주자로 간주됩니다.

현행 세법은 국내에 183일 이상의 거소를 두지 않더라도 ② 국내에 주소를 둔 경우 이를 거주자로 판단하고 있는데, 여기서 "주소"의 뜻은 민법상 주소의 개념이 적용됩니다. 주소가 존재하는지 여부는 생활의 실질적 관계에 기초하여 판단하는 것으로, 생활의 근거가 존재하는 이상 특정장소에 거주하겠다는 의사를 요하지 않습니다. 따라서, 세법 또한 이런 취지를 반영하여 "주소는 국내에서 생계를 같이 하는 가족 및 국내에 소재하는 자산의 유무 등 생활관계의 객관적 사실에 따라 판정"한다고 규정하고 있습니다. 그리고 소득세법은 "거소는 주소지 외의 장소 중 상당기간에 걸쳐 거주하는 장소로서 주소와 같이 밀접한 일반적 생활관계가 형성되지 아니한 장소"라고 규정하고 있는데, 이를 반대로 해석하면 주소는 "밀접한 일반적 생활관계가 형성된 장소"라는 의미로 볼 수 있습니다.

따라서, 별도의 전입신고 없이, 국외에 체류한다 하더라도 만일 경제적 활동의 근거지나 생계를 같이하는 가족이 있는 경우, 현행 세법은 해당자를 거주자로서 판단되는 사례가 많음을 유의해야 합니다.

소득세법 시행령 제4조
【거주기간의 계산】
① 국내에 거소를 둔 기간은 입국하는 날의 다음 날부터 출국하는 날까지로 한다.
② 국내에 거소를 두고 있던 개인이 출국 후 다시 입국한 경우에 생계를 같이하는 가족의 거주지나 자산소재지 등에 비추어 그 출국목적이 관광, 질병의 치료 등으로서 명백하게 일시적인 것으로 인정되는 때에는 그 출국한 기간도 국내에 거소를 둔 기간으로 본다.

민법 제18조
【주소】
① 생활의 근거되는 곳을 주소로 한다.

소득세법 시행령 제2조
【주소와 거소의 판정】
① 소득세법 제1조의2에 따른 주소는 국내에서 생계를 같이 하는 가족 및 국내에 소재하는 자산의 유무 등 생활관계의 객관적 사실에 따라 판정한다.

② 거주자 판단 관련 과세실무

법원은 국내에 주소를 두었는지 여부는, 국내에서 생계를 같이하는 가족의 유무, 국내에 소재하는 자산의 유무, 출국의 목적, 직업, 외국의 국적이나 영주권을 얻었는지 여부 등 생활관계의 객관적 사실을 종합하여 판단해야 한다는 입장이며, 소득세법상 거주자 판단은 국내에서의 생활관계를 토대로 거주자 여부를 판단하여야 한다는 입장이므로, 국외에서의 생활관계는 국내세법상 거주자 판단에 있어 영향을 미치지 못함에 주의해야 합니다.

과세실무는 위와 같은 법원의 법리에 맞추어 생계를 같이 하는 가족, 국내 소재 자산, 직업, 소득의 원천 등이 국내에 있는 경우 이를 거주자로 판단하는 경향이 있습니다. 다만 소득세법상 거주자로 판단되더라도 동시에 대한민국과 조세조약이 체결된 국가의 거주자에 해당하는 경우 이중거주자 판단이 문제될 수 있습니다. 이 때 이중거주자에 해당하는 경우 해당 국가와 대한민국이 체결한 조세조약(거주자 판단 기준, tie-breaker rule)에 따라 어느 국가의 거주자에 해당하는지를 판단하게 됩니다.

(3) 거주자·비거주자의 상속세 납세의무

세법에 따라 피상속인이 거주자인지 비거주자인지 판단이 이루어졌다면, 상속세 과세대상이 되는 범위 또한 결정됩니다. 현행 세법은 피상속인의 거주자·비거주자 여부에 따라 과세대상 상속재산의 범위와 상속세 신고기한을 구분하고 있습니다.

또한 피상속인이 비거주자인 경우, 기초공제를 제외한 나머지 공제들(배우자상속공제, 인적공제, 가업상속공제, 금융재산 상속공제 등)

을 대부분 인정하고 있지 않기에 거주자인 경우와 차이가 존재합니다. 이하에서는 간단하게 그 내용을 요약하며, 구체적인 각종 상속공제의 내용에 대해서는 후술하도록 합니다.

상증세법 집행기준 3-0-2
【거주자 · 비거주자의 상속세 적용 차이】

[거주자·비거주자의 상속세 적용 차이]

구분		거주자	비거주자
신고기한		상속개시일이 속하는 달의 말일부터 6개월 이내	상속개시일이 속하는 달의 말일부터 9개월 이내(피상속인이나 외국에 주소를 둔 경우)
과세대상재산		국내·외의 모든 상속재산	국내에 소재한 상속재산
공제 금액	공과금	상속개시일 현재 피상속인이 납부하여야 할 공과금	국내 소재 사업장, 상속재산에 대한 공과금
	장례비용	피상속인의 장례비용	공제 안됨
	채무	모든 채무 공제	국내 소재 상속재산, 사업장의 채무
과세 표준 계산	기초공제	공 제	공 제
	가업상속공제	공 제	공제 안됨
	영농상속공제	공 제	공제 안됨
	기타인적공제	공 제	공제 안됨
	일괄공제	공 제	공제 안됨
	배우자공제	공 제	공제 안됨
	금융재산 상속공제	공 제	공제 안됨
	재해손실 상속공제	공 제	공제 안됨
	동거주택 상속공제	공 제	공제 안됨
	감정평가수수료공제	공 제	공 제

9 유류분

상속인 간 협의가 이루어지지 않을 경우 어떻게 진행이 되나요?

KEY POINT

유류분: 상속인에 대해서 상속재산 중 법에서 규정하는 본인의 몫을 확보할 수 있는 권리를 의미하며, 유류분을 침해당한 자(유류분권리자)는 자신의 법적 권리(몫) 안에서 유류분반환청구가 가능합니다.

피상속인은 사망 시 유언으로 자신의 상속재산을 자유롭게 처분할 수 있습니다. 이는, 피상속인 자기 소유의 재산에 대한 자유로운 처분이 보장되기 때문입니다. 다만 피상속인이 유언에 의한 상속재산 처분이 상속인 간의 형평성을 넘어서 상속인의 경제활동을 현저하게 어렵게 할 수 있다면, 피상속인의 상속재산 처분에 대한 재량을 어느 정도 제한할 필요성이 있다고 보는 것이 학설의 입장입니다.

현행 유류분제도는 이러한 취지에서 창설된 제도로, 피상속인에 의해서 상속인이 기대하는 본인의 상속 몫이 현저하게 침해당하였을 때 이를 구제하기 위한 제도입니다. 즉 유류분은 상속인에 대해서 상속재산 중 법에서 규정하는 본인의 몫을 확보할 수 있는 권리를 의미하며, 유언에 의한 침해를 막아서는 상속인의 권리에 해당합니다.

(1) 유류분의 범위

'유류분권'은 상속이 개시되면 일정 범위의 상속인이 상속분 중 일정 비율에 상당하는 피상속인의 재산(유류분)을 취득할 수 있는 권리를 뜻합니다. 이러한 권리를 가진 자를 '유류분권리자'라 표현하며, 민법은 유류분을 가지는 자는 피상속인의 직계비속 배우자, 직계존속 형제자매라고 하여 유류분권리자를 열거하고 있으며, 유류분권리자가 보유하게 되는 본인의 유류분 비율을 구체적으로 다음과 같이 규정하고 있습니다.

[유류분권리자와 유류분(민법 제1112조)]

구분	유류분 비율
피상속인의 직계비속	그 법정상속분의 1/2
피상속인의 배우자	그 법정상속분의 1/2
피상속인의 직계존속	그 법정상속분의 1/3
피상속인의 형제자매	그 법정상속분의 1/3

(2) 유류분의 계산

구체적인 각 상속인별 유류분은 유류분 산정의 기초가 되는 재산가액에 그 상속인의 유류분 요율을 곱하여 산정하게 됩니다. 여기서 유류분 산정의 기초가 되는 재산가액은 피상속인의 상속재산의 가액에 증여재산의 가액을 가산하고 채무전액을 공제하여 이를 산정하도록 규정되어 있으며, 상속재산의 평가가액 산정은 원칙적으로 상속개시시를 기준으로 산정합니다.

민법 제1113조
【유류분의 산정】
① 유류분은 피상속인의 상속개시 시에 있어서 가진 재산의 가액에 증여재산의 가액을 가산하고 채무의 전액을 공제하여 이를 산정한다.

> 각 상속인별 유류분액 = 유류분 산정의 기초가 되는 재산(A) X 유류분 요율(B)
> A = ① 상속개시시점 피상속인의 상속재산가액 + ② 증여재산 - ③ 상속채무액

① 피상속인의 상속개시 시 가진 재산의 가액

상속개시 시점에 피상속인의 상속재산들 중 채무를 제외한 자산(적극재산)만을 의미합니다. 이러한 상속재산에는 유언을 통해 제3자에게 권리가 이전되는 유증재산은 상속개시 시점에 피상속인에게 현존하는 재산이므로 이 또한 유류분 산정을 위한 기초재산의 범위에 포함됩니다.

민법 제1114조
【산입될 증여】
증여는 상속개시 전의 1년 간에 행한 것에 한하여 제1113조의 규정에 의하여 그 가액을 산정한다. 당사자 쌍방이 유류분권리자에 손해를 가할 것을 알고 증여를 한 때에는 1년전에 한 것도 같다.

대법원 1995.6.30. 선고 93다11715 판결

공동상속 중에 피상속인으로부터 재산의 증여에 의하여 특별수익을 한 자가 있는 경우에는 민법 제1114조의 규정은 그 적용이 배제되고, 따라서 그 증여는 상속개시 전의 1년 간에 행한 것인지 여부에 관계없이 유류분산정을 위한 기초재산에 산입된다.

② 증여재산

증여재산은 거래의 안정을 기하기 위하여, 상속개시 전의 1년 간에 행한 것에 한하여 그 가격을 산정하여 가산하는 것이 원칙입니다. 다만, 공동상속인에 대한 증여의 경우, 이는 상속재산의 선급과 그 실질이 동일하므로 공동상속인 간의 공평을 기하기 위해 증여시기와 관계없이 모두 유류분 산정 기초재산에 산입합니다.

③ 상속채무액

여기서 공제할 채무란, 상속채무를 뜻합니다. 따라서, 상속개시일 시점에 피상속인의 금융채무, 사인간 채무 등이 포함됩니다.

(3) 유류분반환청구권

민법은 유류분권리자가 피상속인의 유증 등으로 인해 유류분에 부족이 생긴 경우, 부족한 한도 내에서 그 재산의 반환을 청구할 수 있다고 규정하고 있습니다. 따라서, 유류분권리자는 자신의 받을 수 있는 유류분의 전체 한도에서 실제로 상속으로 인해 취득한 이익을 차감한 가액에 대한 유류분반환청구가 가능합니다.

민법 제1115조
【유류분의 보전】
① 유류분권리자가 피상속인의 제1114조에 규정된 증여 및 유증으로 인하여 그 유류분에 부족이 생긴 때에는 부족한 한도에서 그 재산의 반환을 청구할 수 있다.

> 유류분 침해액 = 유류분액(유류분 산정의 기초가 되는 재산 × 유류분율) −
> 상속으로 인해 취득한 이익

PART
2

본격적으로 상속세 신고를
준비합니다.

1 상속 관련 각종 행정절차별 신고기한

2 상속세 신고·납부의 업무흐름

상속 관련 행정절차 및 상속세 신고 업무흐름 파악하기

권리 위에 잠자는 자는 보호받지 못합니다. 피상속인의 사망으로 인해 개시되는 상속은 상속채권자를 비롯한 이해관계인들의 법적 안정성을 도모하기 위해 상속인들의 권리행사 기일에 제한을 두고 있습니다. 따라서, 본 파트를 통해, 상속인들이 기일별로 이행할 의무와 행사할 권한을 숙지하여 권리 앞에 스스로를 보호하는 힘을 키우는 것을 목표로 합니다.

또한, 상속세 신고의 준비는 상속인과 상속재산의 파악을 비롯해 상속세 계산에 대한 전반적인 흐름도를 이해하는 것에서 시작됩니다. 상속재산의 파악에서부터 상속세 신고 및 세무조사 수검까지 상속세 신고업무의 흐름을 총괄적으로 살펴보도록 합니다.

우리는 PART1에서 상속과 관련된 기본적인 법률관계, 우리나라의 상속제도 전반에 대한 특징을 살펴보았습니다. 결국, 피상속인의 사망으로 인해 상속이 개시되면, 피상속인의 직계비속, 직계존속 및 배우자는 피상속인의 상속인으로서 법률관계를 새로이 형성하게 되고, 피상속인에 대한 상속재산을 포괄적으로 승계받게 됩니다.

상속을 둘러싼 이러한 기초적인 법률관계 외에 실제로 상속이 개시될 경우 상속인들은 법률이 규정하는 여러 상속인의 의무를 이행해야 하고, 상속의 개시에 따라 부여되는 상속인의 권한에 대해서 숙지해야 합니다. 민법은 상속으로 인해 새로이 발생하는 법률관계에 대해서 이해관계인 등의 법적 안정성을 도모하기 위해서 상속인에게 부여되는 권한(상속포기, 한정승인, 유류분청구 등)에 대해서 기한을 두고 있기 때문입니다.

상속세 신고의 경우 상속인별로 다르겠지만 상속의 개시부터 국세청의 세무조사 종결에 이르기까지 소요되는 기간을 살펴보면 짧게는 1년에서 길게는 2년 이상이 소요되는 경우도 발생합니다. 따라서, 상속인들은 상속세 신고에 대한 전반적인 업무흐름의 이해가 기초되어야 상속세 신고를 스스로 수행할 수 있으며, 그 업무에 조력하는 세무대리인과도 효율적인 커뮤니케이션이 가능해집니다. 결국 상속인들이 스스로의 힘을 키우는 것이 상속의 효율적 준비에 있어 가장 중요한 요소가 됩니다.

이에 따라, 본 PART2에서는 상속이 개시되었을 때 상속인들이 상속재산과 관련하여 기일별로 이행해야 하는 의무에 대한 각종 신고기한을 우선 살펴보고, 상속인들이 꼭 숙지하고 있어야 할 상속세 신고 실무의 업무흐름도를 업무순서별로 순차적으로 살펴보도록 합니다.

1 상속 관련 각종 행정절차별 신고기한

(1) 사망신고: 상속개시일 이후 1개월 내

KEY POINT

사망신고: 피상속인의 상속재산조회, 상속인 간 분할협의 등 상속을 준비하는 모든 절차의 시작은 피상속인의 사망신고로 시작됩니다. 사망신고의 경우 사망일로부터 1개월 내에 이행해야 하며, 미 이행시 소정의 과태료가 부과될 수 있습니다.

사망신고 이후 상속인 전원의 동의가 있기 전까지 상속재산에 대한 예금 인출이 제한되며, 그러한 예금의 인출은 상속에 대한 승인행위로 간주될 수 있기 때문에, 한정승인 또는 상속포기 등의 제도를 염두하고 있는 상속인의 경우 피상속인의 상속재산을 인출·처분하는 행위에는 각별한 유의를 해야 합니다.

피상속인의 사망 이후 상속인들이 수행해야 하는 과업의 범위는 간단하게는 피상속인이 가입한 통신사의 계약 해지, 피상속인 명의 신용카드 해지서부터 상속인 간 상속재산에 대한 분할 협의, 상속세 및 취득세 신고, 한정승인 또는 상속포기 신청 여부에 이르기까지 피상속인의 상속재산에 대한 여러 가지 복잡한 사항들에 대한 의사결정이 필요합니다.

이러한 절차들은 모두 제각기 처리 기한이 있기에 그 기한에 맞추어 상속인들 별로 업무 분담이 이루어지는 것이 효율적이며, 이러한 여러 절차 중 가장 먼저 이루어져야 하는 것이 피상속인의 사망신고입니다. 사망신고가 이루어져야 앞서 설명한 과업들의 이행이 가능하기 때문입니다.

가족관계의 등록 등에 관한 법률 제84조
【사망신고와 그 기재사항】
① 사망의 신고는 제85조에 규정한 사람이 사망의 사실을 안 날부터 1개월 이내에 진단서 또는 검안서를 첨부하여 하여야 한다.

① 사망신고 기한 및 방법

사람이 사망하였을 경우 사망의 신고는 사람의 사망사실을 안 날부터 1개월 이내에 이루어져야 합니다. 사망신고는 사망자의 주민등록상 주소지 주민센터에서 가능합니다. 만일 다른 지역에서 신고하시려는 경우 주민센터가 아닌 구청을 통해 접수할 수 있습니다. 구청의 경우 주민등록 기준지와 관계없이 사망신고 접수가 가능하기 때문입니다.

② 사망신고 의무자

사망신고는 동거하는 친족이 할 수 있으며, 친족·동거자 또는 사망장소를 관리하는 사람, 사망장소의 동장 또는 통·이장도 사망신고를 할 수 있습니다.

③ 준비서류

사망신고 시 사망사실을 입증할 수 있는 서류(진단서, 검안서, 사망증명서 등)와 사망신고에 대한 신고서를 첨부해야 하며, 신고인의 신분증이 함께 제출되어야 합니다.

④ 사망신고 시 유의사항: 예금인출의 제한

은행 등의 금융기관은 상속인을 보호하고 향후 분쟁을 방지하기 위해 피상속인의 사망신고 접수·수리로 인해 금융기관이 예금주의 사망을 인지하게 되면 정당한 상속인의 지급요청 전까지 피상속인 명의의 계좌에 대한 예금출금이 제한됩니다.

금융기관별 약관에 따른 업무 지침이 다를 수 있으나, 통상적으로 이러한 예금인출 제한을 해지하기 위해서는 기본적으로 상속인 전원의 동의를 전제로 하여 각 금융기관별로 요청하는 서류들이 있습니다. 통상적인 시중은행을 기준으로 했을 때, 사망자의 예금인출 제한을 해지하는 데 필요로 하는 서류들은 다음과 같습니다.

상속인 예금인출 요청 시 구비서류 목록(시중은행 예시)

[상속인 전원 방문 시]
- 상속인 신분증(주민등록증 등)
- 가족관계증명서(사망자 기준): 상속인 존재 확인
- 기본증명서(사망자 기준): 사망사실, 사망시기 확인
- 사망확인서(사망자의 사망확인서, 사망진단서, 사체검안서 등)

[상속인 중 일부 방문 시]
- 미방문 상속인의 위임장
- 인감증명서

참고로, 인출요청 가액 규모가 100만 원 이하 등의 소액인 경우 상속인들 전원의 동의 없이 상속인 1인의 요청으로도 인출할 수 있는 경우가 존재하며, 이에 해당하는지는 각 금융기관별 내부 관리규정에 따라 달라질 수 있으므로 금융기관 방문 전 유선을 통해 확인하시는 것이 바람직합니다.

피상속인의 기본증명서, 가족관계증명서와 상속인의 신분증이 기본적으로 필요하며, 가액의 규모가 큰 경우 분쟁을 예방하고자 상속인 간 분할협의서 등을 요청하는 경우도 있습니다.

⑤ 사망신고 시 유의사항: 상속재산 인출은 상속의 승인으로 간주될 수 있음

상속재산은 피상속인의 사망과 동시에 법률상 당연히 포괄적으로 상속인에게 승계되므로, 상속인이 법에서 규정한 특정한 절차에 따라 상속포기의 의사표시를 하지 않는 이상 상속을 승인한 것으로 보는데 이를 단순승인이라 합니다.

법적 단순승인의 요건 중 하나로 민법은 "상속인이 상속재산에 대한 처분행위를 한 때"라고 규정하고 있으며, 이런 법적 단순승인 행위를 한 경우 한정승인, 상속포기 등을 신청하여 법원의 승인을 받았더라도 이는 무효가 됩니다.

따라서, 피상속인의 상속채무 규모가 상속재산을 초과하거나 상속채무 규모의 파악이 어려워 한정승인, 상속포기 제도를 통해 상속재산에 대한 포괄적인 승계를 막고자 할 경우 사망신고 이후 피상속인의 계좌에서 예금을 인출하는 등 상속재산을 처분하는 행위를 하지 않도록 각별히 유의할 필요성이 있습니다.

⑥ 사망신고 시 유의사항: 기한 내 사망신고 미이행 시 과태료 부과

사망신고는 사망일로부터 1개월 내에 해야 하는 것이 원칙입니다. 사망신고기간이 지났다면 지체 기간별로 다르지만 최대 5만 원의 과태료가 부과될 수 있습니다. 피상속인의 사망 이후 심적인 공허함과 상실감으로 인해 사망신고를 하지 않는 경우가 종종 있습니다. 사망신고로 인한 과태료 액수 자체는 크지 않지만, 상속의 시작은 피상속인의 사망신고에서 시작되는 만큼 기일에 맞추어 진행하는 것이 바람직합니다.

(2) 한정승인/상속포기 여부 결정: 상속개시일 이후 3개월 내

⊙ KEY POINT

한정승인/상속포기: 행정안전부에서 주관하는 안심상속원스톱서비스의 신청은 사망신고를 하는 동사무소에서 동시에 진행할 수 있으며 상속의 권한 있는 자가 신청할 수 있습니다. 또한 국세청에서도 자체적으로 보관하고 있는 세원관리자료를 상속인들에게 제공하는 서비스를 운영 중이므로 상속재산 누락을 피하고, 분할협의의 완전성을 기하기 위하여 상속재산조회를 서두르는 것이 바람직합니다.

① 한정승인/상속포기의 의의

한정승인이란 상속인이 상속으로 인하여 취득한 재산의 한도에서 피상속인의 채무와 유증을 변제하는 상속을 뜻하며, 상속포기란 상속의 개시에 따라 피상속인에게 속하게 되는 재산상의 권리의무의 승계를 거부하는 법률행위를 뜻합니다. 이는 모두 상속인 본인의 의사와 관계없이 상속재산의 포괄승계가 이루어지는 현행 상속제도로 인해 발생할 수 있는 상속인의 경제적 곤궁을 구제하기 위한 제도이며, 한정승인과 상속포기의 신청절차와 요건, 방법에 대해서는 앞서 페이지 25~32p에서 살펴본 바 있습니다.

② 한정승인/상속포기 신고기한

이러한 제도의 경우, 상속인에게 무한한 선택의 자유를 주게 되면 상속인의 선택이 확정되기 전까지 상속채권자에게 경제적 불확실성이 가중되기에 민법은 신고기한을 엄격히 규정하고 있으므로, 피상속인의 상속채무가 상속자산의 규모를 초과하거나 피상속인의 상속채무 규모를 파악할 수 없을 때는 한정승인, 상속포기 신고에 대한 의사결정 여부를 검토할 필요성이 있습니다.

한정승인 신고기한	
일반한정승인	상속개시 있음을 안 날로부터 3개월 내에 법원에 신고
특별한정승인	상속인이 상속채무 초과사실을 중대한 과실 없이 단순승인 한 경우 그 사실을 안 날로부터 3개월 내에 법원에 신고
미성년 예외	상속채무가 상속재산을 초과하는 상속이 있었고 한정승인 신고기한까지 신고를 하지 않았더라도, 성년이 된 후 그 상속의 상속채무 초과사실을 안 날부터 3개월 내에 법원에 신고

상속포기 신고기한
상속개시 있음을 안 날로부터 3월 내에 법원에 신고

(3) 상속재산분할협의 및 상속재산 등기: 별도의 기한 없음

◎ KEY POINT

상속재산분할협의: 상속재산분할협의에 따라 각 상속인들은 상속재산의 귀속을 확정하게 되며 이러한 분할협의에는 기한의 제한이 존재하지 않습니다.

상속재산 등기: 상속인들은 상속에 따라 피상속인의 재산을 포괄적으로 승계하게 되므로 소유권 이전을 위한 별도의 등기가 필요하지 않습니다. 다만, 상속재산을 제3자에게 매각하고자 할 경우, 자신에게 소유권 이전 등기를 한 후 상속재산 처분이 가능합니다.

대법원 2001.2.9. 선고, 2000다 51797 판결

상속재산의 분할협의는 상속이 개시되어 공동상속인 사이에 잠정적 공유가 된 상속재산에 대하여 그 전부 또는 일부를 각 상속인의 단독 소유로 하거나 새로운 공유관계로 이행시킴으로써 상속재산의 귀속을 확정시키는 것으로 그 성질상 재산권을 목적으로 하는 법률행위 이므로…

① 상속재산분할협의

가 유효한 상속재산분할협의

상속재산분할협의는 상속이 개시되어 공동상속인 사이에 잠정적 공유가 된 상속재산에 대하여 그 전부 또는 일부를 각 상속인의 단독 소유로 하거나 새로운 공유관계로 이행시킴으로써 상속재산의 귀속을 확정시키는 법률행위입니다. 이러한 분할협의에 따라 각 상속인들은 각 상속재산에 대한 소유권이 귀속되는 중요한 법률행위인 만큼, 상속재산의 분할에는 공동상속인 전원이 참여해야 합니다. 분할협의에 참가한 상속인이 무자격자이거나, 상속인의 일부를 제외해서 분할의 협의를 한 경우에는 무효이며, 공동상속인 중 1인이 연락되지 않거나, 행방불명 같은 이유가 있더라도 재산상속인에서 제외될 수 없습니다. 이를 위반한 분할협의는 모두 무효가 됩니다.

🔵 나 상속재산분할협의 기한

공동상속인들은 언제든지 그 협의에 의하여 상속재산을 분할할 수 있으며, 민법에서는 분할협의에 대한 별도의 기한을 두고 있지 않습니다. 따라서 상속인 간 협의분할에는 특정한 기한이 존재하지 않습니다. 상속세 신고기한까지 분할협의가 이루어지지 않더라도 이는 유효한 상속세 신고가 되며, 취득세 신고기한까지 분할협의가 이루어지지 않을 경우 각 상속인들은 법정상속재산비율대로 취득세 납세의무를 부담하게 됩니다. 다만 피상속인의 배우자가 생존해 있는 경우, 상속세 신고기한의 다음 날부터 9개월이 되는 날까지 배우자의 상속재산을 분할(부동산의 경우 등기)해야 배우자상속공제를 받을 수 있으므로, 배우자상속공제를 위해서는 유효한 상속재산분할협의와 협의분할을 원인으로 한 등기행위가 선행되어야 합니다.

② 상속재산 등기

🔘 가 상속에 따른 소유권 이전

상속재산의 승계는 피상속인의 사망에 따라 상속인에게 당연승계 되므로 상속인이 피상속인의 상속재산에 대한 별도의 의사표시가 필요하지 않습니다. 따라서 부동산에 대한 권리를 취득함에 있어 상속을 원인으로 한 경우 등기가 필요하지 않으며, 부동산에 대한 소유권은 등기가 없더라도 상속인에게 당연승계 됩니다.

> 민법 제187조
> 【등기를 요하지 아니하는 부동산 물권취득】
> 상속, 공용징수, 판결, 경매 기타 법률의 규정에 따른 부동산에 관한 물권의 취득은 등기를 요하지 아니한다.

나 상속재산 등기기한

상속을 원인으로 취득하는 재산에 대해서 등기를 언제까지 해야 한다는 특별한 기한은 존재하지 않습니다. 다만, 상속받은 재산(부동산 등)을 처분하고자 할 경우, 상속에 따른 소유권을 갖게 된 자(공동상속인 혹은 분할협의에 따라 소유권을 취득한 상속인)는 자신에게 소유권이전등기를 해야 이를 처분할 수 있으므로, 상속재산의 처분 전까지 상속등기를 필요로 합니다.

다 상속재산 등기 필요서류

협의분할에 의한 상속을 원인으로 한 소유권 이전등기 시 등기소에서 필요로 하는 서류 목록은 다음과 같습니다.

[소유권 이전등기 필요서류 목록]

구분	필요서류	비고
피상속인	제적등본	발행일로부터 3개월 이내
	기본증명서	
	가족관계증명서	
	혼인관계증명서	
	입양관계증명서	
	친양자입양관계증명서	
	말소자 초본	
상속인	기본증명서	
	가족관계증명서	
	인감증명서	
	주민등록등(초)본	
	상속재산분할협의서	상속인 전원 인감도장 날인 및 간인 필요

(4) 상속세 및 취득세 신고:
상속개시일이 속하는 달의 말일부터 6개월 내

 **KEY POINT**

상속세/취득세 신고: 납부할 상속세가 없는 경우에도 상속세 신고의무는 존재하며, 피상속인의 상속이 개시된 경우 상속개시일이 속하는 달의 말일부터 6월 내에 상속세 신고·납부가 이루어져야 합니다. 상속재산 중 취득세 납세대상 재산이 있는 경우 취득세 또한 상속개시일이 속하는 달의 말일부터 6월 내에 신고·납부가 이루어져야 합니다.

① 상속세 신고·납부기한

피상속인의 사망에 따라 상속이 개시된 경우, 상속세 납세의무가 있는 상속인 등은 상속개시일이 속하는 달의 말일부터 6개월 이내에, 법에서 규정한 상속세 신고서를 작성하여 납세지 관할 세무서장에게 신고·납부하여야 합니다. 만일 피상속인이 비거주자로서 외국에 주소를 두거나 상속인 전원이 외국에 주소를 둔 경우 상속세 신고기한은 상속개시일이 속하는 달의 말일부터 9개월이 됩니다. 또한, 상속인이 여러명 있는 경우 공동상속인들 중 1명이 상속세 신고서를 제출하였으면 다른 상속인에게 상속세 신고서 제출을 요구하지 않습니다.

재삼 46014-2484, 1996.11.8.
상속세법 제20조 및 같은법 시행령 제13조의 규정에 의하여 공동상속인 중 1인이 동 규정의 서류(상속세 신고 및 납부계산서 등)를 제출한 때에는 다른 상속인은 이의 제출을 요하지 아니하는 것임.

② 상속세 신고의무

이 때, 상속세 신고의무는 피상속인의 상속재산이 없거나 상속재산이 적어 납부할 상속세액이 없는 경우에도 면제되지 않으며, 상속인이나 상속재산가액이 확정되지 않은 경우에도 법정신고기한 내에 신고하는 것이 원칙입니다. 다만 납부할 상속세액이 없는 경우에도 상속재산에 대한 시가평가가 이루어질 경우, 추후 해당 상속재산을

서울행정법원 2019.4.12. 선고 2018구합74853 판결

양도하는 경우 취득가액으로 상정이 되기 때문에, 납부할 상속세액이 없더라도 상속세 신고는 이행하는 것이 세금을 절약하는 방법으로 바람직합니다.

③ 취득세 신고·납부기한

지방세운영과-221, 2008.6.3.
공동상속인이 상속재산을 지분으로 취득하는 경우 상속재산분할 협의가 이루어지지 않은 이상 상속인 각자가 상속지분에 대해 취득세 납세의무가 있는 것

상속을 원인으로 취득세 과세대상 재화(부동산, 차량, 회원권 등)를 취득한 상속인은 상속개시일이 속하는 달의 말일부터 6개월 이내에 취득세를 신고·납부하여야 합니다. 이때 공동상속인이 상속재산을 지분으로 취득하는 경우 상속재산분할 협의가 이루어지지 않은 이상 상속인 각자가 상속지분에 대해 취득세 납세의무를 부담하게 됩니다.

2 상속세 신고·납부의 업무흐름

① 상속세 계산구조

현행 상증세법은 사망자가 남긴 상속재산 총액을 과세물건으로 하여 그 상속재산을 상속받는 상속인들에게 납세의무를 부과하는 유산세 방식을 채택하고 있습니다. 상속인들은 피상속인이 남긴 상속재산의 총액을 기준으로 사전증여재산 등의 재산을 가산하고, 상속채무, 공과금, 장례비 및 상속공제 등을 차감하여 산출세액의 근거가 되는 상속세 과세표준 및 상속세 납부세액을 도출하게 됩니다.

[상속세 계산구조]

상속재산가액

+ 간주상속재산 → 보험금, 신탁재산, 퇴직금
+ 추정상속재산 → 2억 원 / 5억 원 이상 처분재산 · 채무부담

총 상속재산가액

− 비과세재산 → 금양임야, 문화재 등
− 과세가액불산입재산 → 공익법인 출연재산 등
− 과세가액 공제 → 공과금, 장례비용, 채무
+ 사전증여재산 → 10년(상속인) / 5년(상속인 외) 이내 사전증여재산

상속세 과세가액

− 상속공제 → 기초공제, 배우자 상속공제, 기타 인적공제,
− 감정평가 수수료   금융재산 상속공제, 재해손실공제, 동거주택
    상속공제, 가업상속공제, 영농상속공제

상속세 과세표준

× 세율

상속세 산출세액

+ 세대생략 상속 할증액 → 세대생략 상속 시 30%(미성년자 20억 원 초과 시 40%) 가산
− 세액공제 → 신고세액공제, 단기재상속공제 등

신고납부세액

+ 가산세 → 신고불성실, 납부불성실

차가감납부할세액

− 연부연납, 물납, 분납 → 요건 충족 시 납부방법 선택 가능

자진납부세액

② 상속세 업무흐름 총괄

납부할 상속세 산출세액을 도출하는 과정은 상속인, 상속재산의 범위
를 명확히 파악하고, 상속재산에 대한 적절한 평가를 진행하는 것
에서 시작합니다. 이후 파악된 상속재산의 평가액을 기초로, 상속인
들이 받을 수 있는 각종 공제를 파악하고, 상속세 산출세액을 도출하

고 상속세 납부를 위한 재원마련 방안을 검토하고 이행하는 것으로 1차적인 상속세 신고 제반 절차는 마무리됩니다. 그 과정에서 효율적인 상속재산의 분할, 상속세 세무조사 수검 및 대응까지 2차적인 업무가 병행되어 이루어지게 됩니다.

[상속세 신고 관련 업무흐름도]

상속개시	1월	2월	3월	4월	5월	6월
1. 상속관련 각종 신고기한						
① 사망신고	사망 신고					
② 상속승인 여부	한정승인 & 상속포기 여부 결정					
③ 상속재산등기						
④ 상속세 & 취득세 신고			상속세 신고 & 취득세 신고			
2. 상속세 신고 · 납부의 업무흐름						
① 상속재산파악, 평가	상속재산 파악 & 각 상속재산에 대한 평가 진행					
② 가산항목 파악 & 반영	간주 · 추정 · 사전증여재산 검토 & 반영					
③ 차감항목 파악 & 반영	공과금 · 장례비 · 채무 외 각종 상속공제 검토 & 반영					
④ 신고전략수립				상속세 신고 방안검토 및 전략수립		
⑤ 납부방안 검토				납부방안 및 재원 마련방안 검토		

이하에서는, 상속세 신고·납부를 위해 상속인들이 숙지하고 있어야 할 주요쟁점에 대해서 순차적으로 살펴보도록 합니다.

(1) 상속재산/채무 파악 및 평가

피상속인이 생전에 보유하고 있던 재산에 대해서는 그와 친족관계에 있는 상속인이라 할지라도 모든 내역을 파악하고 있기는 어렵습니다. 이런 어려움을 해소하고자 행정안전부는 '안심상속원스톱서비스'라는 제도를 운용하고 있으며, 이 제도를 통해 상속인들은 각 금융기관별 방문 없이 한 번에 상속재산에 대한 조회가 가능합니다.

① 안심상속원스톱서비스(사망자 등 재산조회 통합처리 신청) 신청

행정안전부에서는 상속인이 피상속인의 금융거래, 토지, 자동차, 세금 등의 재산 확인을 위해 개별기관을 일일이 방문하지 않고, 한 번의 통합신청으로 문자·온라인·우편 등으로 결과를 확인하는 서비스인 안심상속원스톱서비스를 시행하고 있습니다.

상속인은 사망자 주소지에 위치한 주민센터에서 사망신고와 함께 위 서비스를 신청할 수 있으며, 사망신고와 함께 신청하지 않더라도, 사망일이 속한 달의 말일부터 6개월 이내에 전국 시구청 및 주민센터를 통해 신청 가능하며 온라인을 통해서도 신청할 수 있습니다.

정부24 홈페이지
www.gov.kr

② 안심상속원스톱서비스 조회결과

안심상속원스톱서비스는 국민의 편의를 도모하고자 운용하는 서비스로, 주무부처에서 바로 조회가 가능한 등기재산(토지, 건축물, 자동차) 외에 금융재산, 연금, 보험가입내역 등에 대해서는 개별기관(금융협회, 국세청, 연금공단, 지자체 등)별로 신청정보를 전송하고, 개별기관의 회신내역을 취합하여 신청인에게 전달하는 방식으로 이루어집니다.

따라서, 등기재산(토지, 건축물, 자동차)의 경우 신청인이 우편, 문자, 방문수령 중 하나를 택하여 그 결과를 통보받을 수 있으나, 나머지 재산(금융재산, 국세, 보험, 연금, 공제회 등)의 경우 신청인이 각 주무기관 홈페이지에 방문하여 신청인이 조회결과를 확인해야 합니다.

③ 안심상속원스톱서비스 조회대상 재산

안심상속원스톱서비스를 통해 조회할 수 있는 상속재산 목록은 다음과 같습니다.

구분	조회결과 내역
금융거래	신청일 기준 사망자 명의 예금, 보험계약, 예탁증권, 대출, 신용카드이용대금(채무 존재 여부), 지급보증, 대여금고 등
국세	국세 체납액 및 납부기한이 남아 있는 미납세금, 환급금
연금	국민연금, 공무원연금, 사립학교교직원연금, 군인연금, 건설근로자퇴직연금, 근로복지공단 퇴직연금 가입유무
공제회	건설근로자공제회, 군인공제회, 대한지방행정공제회, 과학기술인공제회, 한국교직원공제회 가입유무
토지	개인별 토지 소유 현황
건축물	개인별 건축물 소유 현황
지방세	지방세 체납액 및 납부기한이 남아있는 미납세금, 환급금
자동차	자동차 소유내역

④ 안심상속원스톱서비스 조회결과 유의점: 완전성이 보장되지 않음

안심상속원스톱서비스는 상속인들이 각 기관별로 상속재산을 확인하고 취합하는 행정적인 번거로움을 줄여주기 위해 고안된 제도로서, 그 내용에 있어 정확성과 완전성을 보장하지 않습니다.

예를 들어, 상속재산 신고 대상이 되는 금융재산은 상속개시일을 기준으로 확인이 되어야 하나, 금융재산 조회 결과의 경우 상속인의 신청일을 기준으로 재산결과가 조회되며, 금융전산 관리 과정에서 일부 자산/채무가 누락되는 등 그 완전성과 정확성을 보장할 수 없습니다. 따라서 이러한 서비스 조회결과는 특정 금융기관에 계좌가 존재한다는 대략적인 결과로 이해를 하셔야 하며, 구체적인 상속재산의 가액 확인을 위해서는 각 금융기관별로 금융계좌에 대한 잔고조회서를 징구하셔서 그 조회서 가액을 기초로 상속재산에 대한 평가가 이루어져야 합니다.

또한 안심상속원스톱서비스를 통해 조회되지 않는 재산(사인간채권채무, 회원권 등)도 상속세 신고대상이 되는 상속재산이므로, 안심상속원스톱서비스 결과는 상속세 신고 시 참고목적으로서 유의미한 의미를 갖게 됩니다.

국세청 홈페이지
https://hometax.go.kr

홈택스 〉 세금신고 〉 상속세 신고 〉 상속재산 및 사전증여재산 조회 도움 서비스

⑤ 그 외 상속재산 및 사전증여재산 조회 도움 서비스

행정안전부의 서비스 외에도 국세청은 직접 피상속인의 상속재산에 대한 조회 서비스(상속재산 및 사전증여재산 조회 도움 서비스)를 제공하고 있습니다. 행정안전부에서 제공하는 안심상속원스톱서비스와는 달리 국세청은 본 제도를 통해 피상속인의 회원권 자료, 사전증여재산 내역 자료도 신청인(상속인들)에게 제공하고 있습니다.

따라서, 안심상속원스톱서비스 외에 상속인들은 국세청의 전산을 통해 확인되는 피상속인의 주식 등의 재산내역을 확인할 수 있으며, 상속세 신고 시 피상속인의 상속재산에 가산되는 사전증여재산에 관한 결과 내용도 확인할 수 있습니다. 다만, 이러한 사전증여재산의 조회 결과에는 많은 개인정보가 포함되므로 이와 같은 서비스 신청을 위해서는 상속인 전원의 동의가 필요합니다.

국세청의 상속재산 조회 도움 서비스를 통해 조회되는 자료들은 대부분 국세청의 세원관리(법인세 신고, 소득세 신고 등)를 통해 확인되는 자료들로 구성되어 있으며 상속세 실무 시 쟁점이 되는 사항들(회원권, 주주권내역, 이자·배당 지급명세서, 주식등변동상황명세서, 부동산 양도자료 등)에 대한 많은 자료조회가 가능합니다. 정확한 상속재산의 파악은 상속세 신고의 완전성을 기하기 위한 뼈대가 되므로 상속인 간 협의를 통해 본 제도를 적극적으로 활용할 필요성이 있습니다.

구분	조회결과 내역
특정시설물이용권 파악	골프회원권, 콘도회원권 보유현황 자료
주주권 변동	주식등변동상황명세서 자료, 주주명부 등
금융재산 파악	이자·배당 지급명세서
부동산 소유현황	부동산 취득·양도 관련 자료 등
사전증여 내역	상속재산에 합산되는 증여세 신고 결정내역 등
그 외	재산세 부과내역 등

⑥ 파악된 상속재산/채무에 대한 평가

 상증세법에 따른 상속재산 평가의 원칙

피상속인의 소유재산 및 상증세법에서 규정하는 상속재산/채무의 범위가 모두 파악되면, 본격적으로 상속재산에 대한 평가절차가 진행됩니다. 상속재산은 상증세법에서 규정한 각 상속재산별 평가방법에 따라 이루어지게 되며, 현행 상증세법은 기본적으로 재산의 평가에 있어서 다음의 각 순서에 따른 평가방법을 순차적으로 정하도록 규정하고 있습니다.

상속세 및 증여세법
제60조 ~ 제65조

[상증세법에 따른 상속재산/채무 평가순서]

구분	내용
1순위 [시가]	[평가기준일] 상속개시일 [평가의 원칙] 평가기준일 전·후 6개월 내에 다음 각 호 중 어느 하나에 해당하는 가액이 있는 경우 그 가액을 해당 재산의 평가가액으로 봄 (1) 해당 재산에 대한 매매사실이 있는 경우 　－ 특수관계인(직계존비속, 4촌 이내 혈족 등) 간 거래는 제외 　－ 해당 재산이 아니더라도 법에서 규정하는 유사한 재산은 시가로 볼 수 있음 〈유사매매사례가액으로 볼 수 있는 주택 요건〉 　－ 평가대상 주택과 동일한 공동주택단지일 것 　－ 평가대상 주택과 주거전용면적의 차이가 주거전용면적의 5% 이내일 것 　－ 평가대상 주택과 공동주택가격의 차이가 공동주택가격의 5% 이내일 것 〈유사매매사례가액으로 볼 수 있는 기타재산 요건〉 　－ 평가대상 재산과 면적·위치·용도·종목 및 기준시가가 동일하거나 유사한 다른 재산 (2) 해당 재산에 대한 둘 이상 감정평가액이 있는 경우 　－ 기준시가 10억 원 미만 재산의 경우 하나의 감정평가액도 인정함 　－ 다만, 감정평가사가 일정한 조건이 충족될 것을 전제로 당해 재산을 평가한 경우 해당 평가액은 제외됨 (3) 해당 재산에 대한 수용·경매·공매사실이 있는 경우 　－ 수의계약에 의해 취득한 물건은 시가로 인정하지 않음

구분	내용
2순위 [보충적 평가]	1순위 시가를 산정하기 어려운 경우, 해당 재산의 종류, 규모, 거래 상황 등을 고려하여 상증세법에서 규정한 방법(개별공시지가, 시가표준액, 기준내용연수로 상각한 감가상각을 반영한 평가액 등 각 자산별 상이)에 따라 평가

나 평가의 예외(평가심의위원회 제도)

현행 상증세법은 납세의무자가 상속재산에 대하여 상증세법 소정의 요건에 해당하는 평가방법을 적용하여 평가를 하더라도, 그러한 평가가액이 실제 거래가액(시가)과 현저한 차이가 있다고 판단되는 경우, 해당 재산에 대한 시가를 직권으로 인정할 수 있도록 판단하는 평가심의위원회를 운영하고 있습니다.

따라서, 과세관청은 특정한 상속재산에 대하여 상속개시일 전 2년 내의 기간에 매매가 있거나 상속세 신고기한으로부터 9개월 내에 매매가 있는 경우 관할 세무서장 또는 지방국세청장의 신청에 따라 평가심의위원회를 개최하고, 해당 심의를 거쳐 해당 매매가액을 시가로 보아 상속재산을 평가할 수 있습니다.

통상적으로 평가심의위원회 대상으로 회부되는 재산들의 경우, 법에서 규정한 보충적 평가액(기준시가, 공시지가 등)과 실제 거래계에서 거래되는 거래가액(매매사례가액)의 절대적인 가액이 현저하거나 상대적인 배수 수치가 높은 경우 대상으로 선정되는 것이 일반적입니다.

국세청 및 지방국세청별로 평가심의위원회를 설치하여 평가심의위원회를 운영하고 있으며, 평가심의위원회 회부 대상기준은 대외비로서 외부에 공포하고 있지는 않으나, 비주거용 부동산 중 감정평가 대상에 대해서는 사무처리규정 개정을 통해 감정평가 대상을 명시하여 선정 기준을 공개한 바 있습니다.

상속세 및 증여세 사무처리규정 제72조

② 지방국세청장 또는 세무서장은 다음 각 호의 사항을 고려하여 비주거용부동산 감정평가 대상을 선정할 수 있으며… (후략)
1. 추정시가와 보충적 평가액의 차이가 10억 원 이상인 경우
2. 추정시가와 보충적 평가액 차이의 비율이 10% 이상인 경우

　　납세자로서는 과거 2년 내에 거래된 매매가액이 있는 상속재산에 대해서는 그 평가방법에 있어 (1) 기준시가 (2) 감정평가 (3) 과거 2년 내 매매가액 중 선택을 해야 하는 문제가 발생하고, 이에 대한 절대적인 정답은 존재하지 않습니다. 다만, 재산분할에 따른 해당 재산의 귀속자는 누구이고, 추후 양도계획이 있는지, 해당 재산의 소재지는 어디인지 등 여러 가지 사안을 종합적으로 판단하여 의사결정이 이루어져야 합니다.

(2) 간주상속재산·추정상속재산·사전증여재산의 가산

GO KEY POINT

간주상속재산: 상속재산은 아니나 그 실질이 상속재산과 동일하므로 상속재산으로 간주하여 과세하는 재산으로, 보험금, 신탁재산, 퇴직금 등이 이에 해당합니다.

추정상속재산: 상속개시 전 재산처분, 채무인수로 상속세를 회피하려는 의도를 방지하기 위하여 일정기한(1년, 2년) 내에 재산종류별 특정가액(2억 원, 5억 원) 이상을 처분·인출한 경우 이를 상속재산으로 봅니다.

사전증여재산: 사전증여를 통한 상속세 회피의도를 방지하기 위하여 상속개시일로부터 10년(5년) 내에 상속인(상속인 외의 자)에 대한 증여재산은 상속세 과세표준에 합산합니다.

상속세 계산을 목적으로 하는 총 상속재산가액에는 피상속인의 고유재산(상속재산) 외에 상속재산은 아니지만 그 실질이 상속재산과 동일하여 이를 반영하는 간주상속재산, 공평과세를 목적으로 현금 취득을 추정하는 추정상속재산이 포함됩니다. 또한, 증여를 통한 상속세부담 경감을 방지하기 위하여 법 소정의 기간 내에 증여재산은 상속재산으로 포함하도록 규정하고 있습니다.

① 간주상속재산

상증세법에 따른 상속재산은 아니지만, 그 실질이 상속재산과 동일하여 상속인에게 부의 이전이 되는 경우 이를 과세하지 않는다면 실질과세의 원칙에 반하게 되므로 현행 상증세법은 특정한 요건을 충족한 보험금, 신탁재산, 퇴직금은 간주상속재산으로 보아 총 상속재산가액에 이를 포함하도록 규정하고 있습니다.

[간주상속재산의 종류]

구분	과세대상 요건
보험금 (상증세법 제8조)	다음 세 가지 요건을 모두 충족한 경우 과세요건 충족 ① 피상속인의 사망을 보험금 지급사유로 할 것 ② 피상속인이 실질적인 보험금납부자일 것 ③ 생명보험 또는 손해보험의 보험금일 것
신탁재산 (상증세법 제9조)	다음 중 어느 하나에 해당할 경우 과세요건 충족 ① 피상속인이 신탁계약의 위탁자일 것 ② 피상속인이 신탁계약의 수익자일 것
퇴직금 (상증세법 제10조)	다음 세 가지 요건을 모두 충족한 경우 과세요건 충족 ① 피상속인의 사망으로 인하여 지급될 것 ② 피상속인의 퇴직 시 피상속인에게 지급될 급여일 것 ③ 다음 각 호 어느 하나에 해당하지 아니할 것 　- 국민연금법에 따른 유족연금 등 　- 공무원연금법 등에 따라 지급되는 퇴직유족연금 등 　- 군인연금법 등에 따라 지급되는 퇴역유족연금 등 　- 산업재해보상보험법 등에 따라 지급되는 유족보상연금 등 　- 근로자의 유족에게 지급하는 유족보상금 등 　- 별정우체국법에 따라 지급되는 유족연금 등

위 간주상속재산 중 보험금과 관련하여 여러 가지 쟁점들이 발생하고 있으며, 일부 잘못된 상식 등으로 인해 추후 세무조사 과정에서 간주상속재산으로 과세되고 그에 따른 가산세까지 부과되는 경우가 종종 있기에 취급에 있어 주의를 요합니다. 이에 대한 구체적인 내용은 후술하도록 합니다.

② 추정상속재산

피상속인이 상속개시 전 재산을 처분하거나 채무를 부담할 경우 현금거래가 발생할 수 있는데 이러한 현금의 추적은 세원근거의 확보가 어려운 경우가 많습니다. 따라서, 현행 상증세법은 상속세 회피의도를 방지하기 위하여 상속개시일 전(1년, 2년) 재산을 처분하거나 채무를 인수하는 방법으로 자금을 조달할 경우 그 사유가 명백히 입증되지 않는다면, 이를 상속재산으로 보아 총 상속재산가액에 산입하도록 규정하고 있습니다.

가 처분재산의 상속추정

피상속인이 재산의 종류별로 계산하여 상속개시일 전 1년 이내에 2억 원, 2년 이내에 5억 원 이상의 재산을 처분하거나 인출한 경우, 그 사유를 상속인이 소명하지 못한다면, 상속인들이 처분대금(현금)을 상속받은 것으로 보아 추정상속재산을 가산하게 됩니다.

나 채무부담의 상속추정

피상속인이 상속개시일 전 1년 이내에 2억 원, 2년 이내에 5억 원 이상의 채무를 부담한 경우, 채무부담액인 금전의 사용처를 상속인이 명백히 소명하지 못한다면, 피상속인의 채무발생에 따른 현금을 상속인들이 상속받은 것으로 보아 추정상속재산을 가산하게 됩니다.

다 처분재산·인출·채무부담의 입증책임

이러한 추정상속재산 규정의 취지는 피상속인이 상속재산의 처분대금을 과세자료의 포착이 쉽지 아니한 현금으로 상속인에게 증여 또는 상속함으로써 상속세를 부당하게 경감하는 것을 방지하는 데 있습니다. 따라서 과세관청은 처분재산 중 용도가 객관적으로 명백하지 아니한 금액이 있음을 입증한 때에는 상속인이 그 처분가액의 용도를 입증하지 못하는 한 그 금액이 현금상속된 사실을 입증하지 아니하더라도 상속세과세가액에 산입하게 됩니다. 이에 따라 재산의 처분, 현금의

서울고등법원 2000.1.20. 선고 98누8126 판결

피상속인이 상속재산의 처분대금을 과세자료의 포착이 쉽지 아니한 현금으로 상속인에게 증여 또는 상속으로써 상속세를 부당하게 경감하는 것을 방지하기 위하여 과세관청이 그 중 용도가 객관적으로 명백하지 아니한 금액이 있음을 입증한 때에는 납세자가 그 처분가액의 용도를 입증하지 못하는 한 그 금액이 현금상속된 사실을 입증하지 아니하더라도 상속세과세가액에 산입할 수 있다는 데 있으므로 위 예금인출금의 용도에 대한 입증책임은 납세자인 원고들에게 있다 할 것

인출, 채무의 부담에 따른 현금발생액의 용도나 사유에 대해서는 상속인에게 입증책임이 존재합니다.

따라서, 상속인들은 재산의 처분, 인출 등에 따른 용도나 사유를 과세관청에 입증해야 하는데, 현행 상증세법은 그러한 입증에 있어 '용도가 객관적으로 명백하지 아니한 경우'의 예시를 구체적으로 다음과 같이 규정하고 있습니다.

상증세법 시행령 제10조 제2항

1. 피상속인이 재산을 처분하여 받은 금액이나 피상속인의 재산에서 인출한 금전 등 또는 채무를 부담하고 받은 금액을 지출한 거래상대방이 거래증빙의 불비 등으로 확인되지 아니하는 경우
2. 거래상대방이 금전등의 수수사실을 부인하거나 거래상대방의 재산상태 등으로 보아 금전 등의 수수사실이 인정되지 아니하는 경우
3. 거래상대방이 피상속인의 특수관계인으로서 사회통념상 지출사실이 인정되지 아니하는 경우
4. 피상속인이 재산을 처분하거나 채무를 부담하고 받은 금전 등으로 취득한 다른 재산이 확인되지 아니하는 경우
5. 피상속인의 연령·직업·경력·소득 및 재산상태 등으로 보아 지출사실이 인정되지 아니하는 경우

라 추정상속재산가액의 계산

피상속인의 인출 등에 대한 입증책임이 상속인에게 있다 하더라도, 상속인들이 피상속인의 모든 상거래 및 경제활동에 대하여 파악하는 것은 불가능합니다. 이에 따라 현행 상증세법은 상속인이 입증하지 못한 재산가액들 중 일부만을 과세하는 방식으로 상속인의 입증책임 부담을 일부 완화하고 있습니다.

추정상속재산가액 가산액

추정상속재산가액 = 처분재산가액·인출금액·채무부담액 – 용도증명된 금액
　　　　　　　　　 – Min(처분재산가액·인출금액·채무부담액 X 20%, 2억 원)

헌재 2005헌가4, 2006.7.27.

피상속인이 사망을 예상할 수 있는 단계에서 장차 상속세의 과세대상이 될 재산을 상속개시 전에 상속인 이외의 자에게 상속과 다름없는 증여의 형태로 분할, 이전하여 고율인 누진세율에 의한 상속세 부담을 회피하려는 부당한 상속세 회피행위를 방지하고 조세부담의 공평을 도모하기 위한 것이라는 점에서 그 목적의 정당성이 인정된다.

③ 사전증여재산

현행 상증세법은 피상속인의 재산을 증여와 상속으로 분할하여 이전하는 경우 재산 전부를 일괄상속하는 경우에 비해 세부담이 경감될 가능성이 높기에 이를 방지하고자 상속개시일 전 법 소정의 기간 내에 피상속인이 상속인에게 생전증여를 한 가액이 있을 경우, 그러한 부의 이전행위를 상속과 동일한 경제적 효과를 유발하는 것으로 보아 해당 증여재산을 상속재산에 가산하도록 규정하고 있습니다.

[사전증여재산가액]

피상속인	증여를 받은 자	사전증여재산 가액
거주자	상속인	상속개시일 전 10년 이내 증여한 국내·외 재산가액
	상속인 외의 자	상속개시일 전 5년 이내 증여한 국내·외 재산가액
비거주자	상속인	상속개시일 전 10년 이내 증여한 국내소재 재산가액
	상속인 외의 자	상속개시일 전 5년 이내 증여한 국내소재 재산가액

상증세법 집행기준 13-0-3
【상속인과 상속인이 아닌 자의 구분】
상속인의 범위는 민법 규정에 의한 선순위 상속인에 한정되므로, 상속재산의 전부 또는 일부를 받은 자로서 선순위 상속인이 있는 경우 후순위 상속인은 상속인이 아닌 자에 해당한다.

참고로, 사전증여재산 판단 시 상속인은 민법 규정에 의한 선순위 상속인에 한정되므로 상속재산의 전부 또는 일부를 받은 자로서 선순위 상속인이 있는 경우 후순위 상속인은 상속인 외의 자에 해당합니다. 따라서, 피상속인의 자녀 또는 배우자가 있는 경우, 상속인의 부모는 직계존속으로서 법정상속인에 해당하나 후순위 상속인으로서 사전증여재산가액 판단 시 상속인 외의 자로서 합산이 됩니다.

(3) 각종 공제금액(공과금·장례비·채무·상속공제 등) 차감

KEY POINT

공과금: 공과금은 상속개시일 현재 피상속인이 납부할 의무가 있는 것으로서 상속인에게 승계된 조세·공공요금 기타 이와 유사한 것을 의미하므로 상속인이 부담하여야 할 상속등기 취득세 등은 공제대상 공과금에 해당하지 않습니다.

장례비: 장례비용만큼 상속인의 담세력이 감소시킨다는 점에서 법 소정의 한도 내 장례비용은 상속재산에서 공제됩니다.

채무: 공제대상 채무는 명칭여하에 관계없이 상속개시 당시 피상속인이 부담하여야 할 확정된 채무로서 공과금 외의 모든 부채를 의미하며, 법 소정의 증빙 등에 따라 객관적으로 입증되어야 공제대상 채무로 인정됩니다.

상속공제: 앞서 살펴본 각종 상속재산의 평가액을 합산한 상속재산가액에서 일괄공제, 배우자상속공제 등의 각종 상속공제를 차감하여 산출세액의 근거가 되는 상속세 과세표준이 도출됩니다. 따라서, 나에게 적용 가능한 상속공제를 파악하고 이를 적용하는 것은 상속세를 줄일 수 있는 중요한 요소가 됩니다.

상증세법 제2절 비과세
(제11조 ~ 제12조)

상증세법 제4절 공익목적 출연재산의 과세가액 불산입
(제16조 ~ 제17조)

피상속인의 상속재산 파악 및 평가와 함께 간주상속재산, 추정상속재산, 사전증여재산을 가산하였다면 이제 그러한 상속재산에서 차감할 수 있는 요소를 신고에 반영하여야 합니다. 그 중 비과세되는 상속재산 및 공익목적 출연재산에 대한 과세가액 불산입액을 제외하고 일반적인 상속의 경우 발생할 수 있는 내용으로는 크게 (i) 공과금·장례비·채무와 (ii) 각종 상속공제 내용을 상정할 수 있습니다.

① 공과금·장례비·채무

가 공과금

공과금은 상속개시일 현재 피상속인이 납부할 의무가 있는 것으로서 상속인에게 승계된 조세·공공요금 기타 이와 유사한 것을 의미합니다. 따라서, 상속개시일 전 납부의무가 발생한 재산세, 종합소득세 등이 이에 해당합니다. 공과금을 공제하는 취지는 피상속인의 권리의무를 상속인이 포괄적으로 승계하는 것에 있으므로 상속인이 부담하여야 할 상속등기 취득세 등은 공제대상 공과금으로 볼 수 없고 상속인의 귀책사유로 납부할 가산세, 가산금, 체납처분비, 벌금, 과료, 과태료 등은 공제대상 공과금에 포함되지 않습니다.

상증세법 기본통칙 14-9…1
【공과금의 범위】

[공과금의 범위]

상증세법 집행기준 14-9-1 【상속재산가액에서 차감되는 공과금의 범위】

① 국세, 관세, 임시수입부가세, 지방세
② 공공요금
③ 공과금 : 「국세징수법」의 체납처분의 예에 따라 징수할 수 있는 조세 및 공공요금 이외의 것
④ 피상속인이 당초 조세를 감면·비과세 받은 후 감면·비과세 요건을 충족하지 못해 조세가 경정·결정된 경우에 당해 경정·결정된 조세
⑤ 피상속인이 사망한 후에 피상속인이 대표이사로 재직하던 법인의 소득금액이 조사·결정됨에 따라 피상속인에게 상여로 처분된 소득에 대한 종합소득세·지방소득세 등
⑥ 상속개시일 이후 상속인의 귀책사유로 납부 또는 납부할 가산세, 가산금, 체납처분비, 벌금, 과료, 과태료 등은 공과금 등에 포함되지 아니한다.

나 장례비

장례비는 피상속인이 부담해야 할 채무의 성격에 해당하지는 않으나, 상속의 개시에 따라 어느 누구에게나 공통적으로 발생하는 통상

장사 등에 관한 법률 제2조
【정의】
9. "봉안시설"이란 유골을 안치(매
   장은 제외한다)하는 다음 각 목
   의 시설을 말한다.
   가. 분묘의 형태로 된 봉안묘
   나. 「건축법」 제2조 제1항 제2
       호의 건축물인 봉안당
   다. 탑의 형태로 된 봉안탑
   라. 벽과 담의 형태로 된 봉안담

장사 등에 관한 법률 제2조
【정의】
2. "화장"이란 시신이나 유골을 불
   에 태워 장사하는 것을 말한다.

적인 비용이고 그 장례비용만큼 상속인의 담세력이 감소시킨다는 점에서 장례비용을 상속재산에서 공제하고 있습니다. 다만 모든 장례비에 대한 공제가 가능한 것은 아니고, (i) 일반적인 장례비용과 (ii) 봉안시설 또는 자연장지 조성비용으로 구분하여 각각의 한도를 규정하고 있습니다.

봉안시설이란 유골을 안치하는 봉안묘·봉안당·봉안탑·봉안담을 의미하며, 자연장지란 화장한 유골의 골분을 수목·화초·잔디 등의 밑이나 주변에 묻어 장사하는 것을 뜻합니다.

공제대상 장례비
장례비용 공제한도= ① + ②
① 장례에 직접 소요된 비용: Max[5백만 원, Min(실제 소요비용, 1천만 원)]
② 봉안시설 및 자연장지 소요비용: Min[실제 소요비용, 5백만 원]

📍 채무

상속의 개시에 따라 피상속인의 권리의무는 상속인에게 포괄적으로 승계되므로, 피상속인의 채무 또한 승계되며 자연스럽게 상속재산에서 그러한 채무는 공제됩니다. 상증세법에서 규정하는 공제대상 채무는 명칭 여하에 관계없이 상속개시 당시 피상속인이 부담하여야 할 확정된 채무로서 공과금 외의 모든 부채를 의미합니다.

상증세법 기본통칙 14-0…3
【채무의 범위】

상속세 및 증여세법 제14조
【상속재산의 가액에서 빼는 공과
금 등】
④ 제1항과 제2항에 따라 상속재
산의 가액에서 빼는 채무의 금액은
대통령령으로 정하는 방법에 따라
증명된 것이어야 한다.

상증세법은 상속재산에서 공제대상 채무가 되기 위해서는 그 채무가 법 소정의 방법 등에 따라 객관적으로 입증될 것을 요구하고 있으며, 이러한 입증의 방법으로는 (i) 해당 기관에 대한 채무임을 확인할 수 있는 서류 (ii) 채무부담계약서, 채권자확인서, 이자지급에 관한 증빙 등을 요구하고 있습니다.

이와 관련하여 피상속인 생전에 상속인이 이체한 자금을 채무로 계상한 경우, 금전소비대차로 볼 수 있는 객관적인 증빙(차용증 등)을 갖추지 못한 경우 그 이체액이 증여인지 금전소비대차인지 여부를 판단할 수 없기 때문에, 상속개시 당시 피상속인이 부담할 채무로 보기는 어렵다고 판단한 심판례가 존재합니다. 따라서, 상속인과 피상속인 간 채권채무관계에 있어 그 실질을 입증하기 위해서는 금전소비대차관계를 확인할 수 있는 차용증, 이자지급내역 등의 구체적인 증빙을 필요로 함을 기억해야 합니다.

조심 2011중3221, 2011.11.10.
살펴건대, 쟁점채무 상당액이 이○○의 계좌에서 피상속인의 계좌로 이체된 것은 사실로 보이나, 이○○가 쟁점채무액 상당액을 피상속인에게 증여한 것인지 빌려준 것인지 확인할 수 없고…

② 각종 상속공제

현행 상증세법에서 규정하는 상속공제는 크게 (i) 일반적인 공제(기초공제, 배우자상속공제, 그 밖의 인적공제), (ii) 특정한 상속재산을 보유한 경우 받을 수 있는 공제(금융재산상속공제, 재해손실공제, 동거주택상속공제), (iii) 가업 지원을 위한 공제(가업상속공제, 영농상속공제)로 구분할 수 있습니다. 이러한 상속공제는 각 상속공제별로 적용 가능한 요건과 공제 가능한 한도가 존재하기에 각 상속인별로 본인에게 적용 가능한 상속공제가 무엇인지 파악하는 것이 중요합니다.

상증세법 제5절 상속공제
(제18조 ~ 제24조)

[상속공제의 종류]

구분	내용	페이지
기초공제 & 그 밖의 인적공제	① 기초공제: 2억 원 공제(거주자, 비거주자 무관) ② 그 밖의 인적공제: 자녀공제, 미성년자공제, 연로자공제, 장애인공제 [공제한도] MAX[①+②, 5억 원]	153p
배우자 상속공제	[공제요건] 배우자상속재산 분할기한까지 상속재산 분할, 상속재산에 대한 등기, 상속재산 분할사실 신고를 이행한 경우 적용	154p

구분	내용	페이지
	[공제한도] Max[Min(①, ②, ③), 5억 원] ① 배우자가 실제로 상속받은 금액 ② (상속재산가액 × 배우자 법정상속분) - 배우자 사전증여 재산 과세표준 ③ 30억 원	
가업상속 공제	[공제요건] 법에서 규정하는 ① 가업요건, ② 피상속인요건, ③ 상속인 요건, ④ 기타요건을 모두 갖춘 경우 해당 가업상속인이 상속 받는 가업상속재산가액에 대하여 적용 [공제한도] Min[가업상속재산가액, 가업영위기간에 따라 300~600억 원]	156p
영농상속 공제	[공제요건] 법에서 규정하는 ① 영농요건, ② 피상속인요건, ③ 상속인요건, ④ 기타요건을 모두 갖춘 경우 해당 영농상속 인이 상속받는 영농상속재산가액에 대하여 적용 [공제한도] Min[영농상속재산가액, 30억 원]	159p
금융재산 상속공제	[공제요건] 피상속인이 상속개시일 현재 순금융재산(금융재산 - 금융부채)이 존재하는 경우 적용 [공제한도] 순금융재산 2천만 원 이하: 순금융재산 전액 공제 순금융재산 2천만 원 초과: Min[Max(순금융재산 × 20%, 2천만 원, 2억 원)	161p
재해손실 공제	[공제요건] 피상속인이 거주자로서 상속세 신고기한까지 재난 으로 인해 상속재산이 멸실·훼손된 경우 적용 [공제한도] 재해손실가액 - 보험금·구상권으로 보전가능한 가액	162p
동거주택 상속공제	[공제요건] ① 피상속인과 상속인이 상속개시일부터 소급하여 10년 이상 계속하여 하나의 주택에서 동거하였고, ② 상속개 시일부터 소급하여 10년 이상 1세대1주택 요건을 충족하였 고, ③ 상속인이 무주택자이거나, 피상속인과 공동으로 상속 주택을 보유한 경우 적용 [공제한도] Min[동거주택가액, 6억 원]	162p

상속세 구조의 특성상 상속공제는 상속인 중 어느 하나가 그 요건에 해당하여 공제대상이 되더라도 그 세금공제의 혜택은 공동상속인 모두에게 돌아가게 됩니다. 따라서, 상속인 간 협의를 통해 본인들이 받을 수 있는 상속공제를 누락하지 않고, 꼼꼼히 살펴보는 것이 세금을 절감하는 효율적인 방안이 됩니다.

(4) 상속세 신고전략 수립

> **상속세 신고전략:** 앞서 살펴본 것처럼 상속세는 각종 상속재산의 평가액에서 적용가능한 상속공제를 차감하여 도출하게 됩니다. 따라서, 상속재산에 대한 평가를 어떤식으로 진행할지, 상속공제는 어떤 항목을 받을지, 상속재산분할은 어떤식으로 하여 효율성을 기할지 등 상속세 신고에 대한 다방면의 전략수립이 필요합니다.

상속재산의 파악이 끝나고, 피상속인에게 적용가능한 상속공제의 대상을 선정했다면, 이제 본격적으로 상속세 신고에 있어 어떠한 전략을 수립할지에 대한 검토가 필요합니다.

이러한 신고전략의 수립에는 기본적으로 적어도 다음의 사항이 검토 대상으로 상정되어야 하며, 예시로 상정하는 검토항목들 외에도 각 상속세 신고 건별로 최적의 효율성을 기할 수 있는 방안을 모색해야 합니다.

[상속세 신고전략 수립 시 검토대상]

구분		내용
피상속인	거주자/비거주자	과세대상 상속재산의 파악 및 평가
상속재산 & 상속채무	부동산	시가존재여부 확인 및 평가방법 결정
	비상장주식	비상장주식평가 진행 및 적정성 여부 결정
	회원권	시가 존재여부 확인 및 평가방법 결정
	보험금	상속재산 여부에 대한 세부적인 검토 및 평가방법 결정
	기타	신고가액 평가 및 적정성 여부 결정
	사전증여	상속인 및 상속인 외의 자에 대한 사전증여가액 파악 및 반영
	공과금 등	공제 가능한 공과금 파악 및 적절한 반영
분할협의	상속재산분할협의	분할협의 시 상속재산의 효율적인 분배방안 검토
	배우자상속공제	배우자상속공제를 극대화 할 수 있는 분할협의안 도출
	금융재산의 분할	연대납세의무를 활용한 상속세 대납방안 활용
신고방안	납부방안 검토	분납, 연부연납, 물납 선택여부 검토
	세무조사 대응	세무조사 시 발생가능성 높은 쟁점 사전 검토 및 예방절차 수립

(5) 상속세 납부방안(일시납, 분납, 연부연납, 물납) 검토

🎯 KEY POINT

상속세 납부방안 검토: 앞서 살펴본 절차 등에 따라 상속세 납부세액을 산출하였다면, 상속세 납부를 위한 자금조달방안 검토가 필요합니다. 상속세 납부방안에는 일시납, 분납, 연부연납, 물납이 있으며 각 상속인별 자금사정과 상속재산의 구성 등에 따라 효율적인 납부방안이 달라질 수 있습니다.

상속세 과세대상이 되는 상속재산에 대한 파악·평가가 마무리되고, 상속재산에서 공제하는 각종 상속공제 등을 차감하여 상속세 과세표준이 도출됩니다. 상속세 과세표준에서 법 소정의 세율을 곱하여 산출세액을 도출하고, 신고세액공제, 증여세액공제 등 각종 세액공제를 차감하여 도출된 상속세 차가감납부세액이 상속인들이 납부해야 할 최종적인 상속세 자진납부세액이 됩니다.

다만, 상속인들이 상속세를 납부함에 있어, 우리나라 경제의 특성상 피상속인의 상속재산 대부분은 부동산인 경우가 일반적이고, 상속인들에게 납부기한이 존재하는 상속세 납세의무는 유동성에 있어 큰 부담이 되기 마련입니다. 이에 상증세법은 상속세를 납부하는 방안으로 일시납 외에 분납, 연부연납, 물납의 제도를 규정하고 있습니다.

> 상속세 및 증여세법 제70조
> 【자진납부】
> ② 제1항에 따라 납부할 금액이 1천만원을 초과하는 경우에는 대통령령으로 정하는 바에 따라 그 납부할 금액의 일부를 납부기한이 지난 후 2개월 이내에 분할납부할 수 있다.

① 분납

상속세는 일시납이 원칙이나, 납세자의 과중한 세부담을 경감시키기 위하여 현행 상증세법은 일정한 요건을 충족하는 경우에 분할하여 납부할 수 있는 제도를 규정하고 있습니다. 이때 2회에 나누어 내는 것을 분납, 장기간에 나누어 내는 것을 연부연납이라고 합니다.

상속세 자진납부세액이 1천만 원을 초과하는 경우 납부할 금액 중 일부를 납부기한이 지난 후 2개월 이내에 분납할 수 있습니다. 이때, 상속세 자진납부세액이 2천만 원을 초과하는 경우, 그 납부할 세액의 50% 이하, 상속세 자진납부세액이 2천만 원 이하인 경우 1천만 원을 초과하는 금액이 분납신청대상 금액이 됩니다.

상속세 및 증여세법 제71조
【연부연납】

② 연부연납

연부연납은 상속세를 연단위로 끊어 납부기한을 연장해 주는 제도를 의미합니다. 이러한 연부연납은 (i) 상속세 납부세액(차가감납부할세액)이 2천만 원을 초과하는 경우, (ii) 상속인이 상증세법에서 규정하는 납세담보를 제공하고, (iii) 상속인이 상속세과세표준 신고기한(결정통지에 의해 납세고지를 받은 경우 납세고지서상 납부기한)까지 연부연납신청을 한 경우 적용가능합니다.

[연부연납 요건 및 주요내용]

연부연납 요건	내용
2천만 원 초과	상속세 납부세액(차가감납부할세액)이 2천만 원을 초과해야 합니다.
납세담보 제공	세법에서 규정하는 자산에 대해서만 납세담보 제공이 가능하며, 그 종류와 담보재산의 평가방법은 다음과 같습니다. | 납세담보 제공자산	평가액
금전	금전가액
자본시장법 제4조 제3항에 따른 유가증권	- 상장주식: 담보제공전날 종가 - 그 외 유가증권: 담보제공전날 상증세법에 따른 평가액
납세보증보험증권	보험금액
납세보증서	보증액
토지, 건물, 선박, 항공기 등	상증세법 규정에 따른 평가액 | - 납세담보재산가액이 연부연납신청세액에 미달할 경우 담보로 제공된 재산가액에 상당하는 세액 범위 내에서 연부연납 허가가 가능합니다.

상증세법 기본통칙 71-67…2
【연부연납과 담보재산】

연부연납 요건	내용
	- 연부연납 신청 시 상속인은 공탁수령증(금전, 유가증권), 보험증권, 보증서, 등기필증을 과세관청에 제공해야 합니다.
연부연납 신청	연부연납을 신청하고자 하는 자는 상속세과세표준 신고기한(결정통지에 의해 납세고지를 받은 경우 납세고지서상 납부기한) 내에 신청을 해야 합니다.
연부연납 허가	납세지 관할 세무서장은 상속세과세표준 신고기한(결정통지에 의해 납세고지를 받은 경우 납세고지서상 납부기한)이 경과한 날부터 9개월 내에 허가 여부를 서면으로 통지해야 합니다.

이러한 납세자의 신청에 대하여 과세관청이 연부연납에 대한 허가 통지를 하여야 비로소 연부연납의 효력이 발생하며, 상속세과세표준 신고기한(결정통지에 의해 납세고지를 받은 경우 납세고지서상 납부 기한)이 경과한 날부터 9개월 내에 과세관청이 허가 여부에 대한 별도 의 통지를 발송하지 않은 경우, 허가받은 것으로 보게 됩니다. 또한, 상속인이 금전, 납세보증보험증권, 납세보증서 등 법에서 규정하는 납세담보를 제공하는 경우, 그 신청일에 연부연납을 허가받은 것으로 보게 됩니다.

상증세법 집행기준 71-67…2
【연부연납과 납세담보】

한편, 연부연납이 허가되더라도 상속인은 그 연납세액에 상응하는 이자를 납부해야 합니다. 즉, 연부연납은 상속인이 당초 납부했어야 할 상속세를 상속인이 제공한 납세담보를 근거로 일정 가산금을 받고 납부를 연기해 주는 제도로 이해할 수 있으며, 현행 규정상 연부연납 가산금의 가산율은 "연 1천분의 35, 즉 연 3.5%"에 해당합니다. 다 만, 이러한 가산율은 시행규칙의 개정에 따라 변동가능하며, 변동된 가산율의 적용시점은 각 분할납부세액의 납부일이 됩니다. 즉, 연부 연납은 그 경제적 실질이 국가로부터 "연부연납 대상금액"을 "변동금 리" 형태로 차입하는 개념이라 할 수 있습니다.

국세기본법 시행규칙 제19조의3
【국세환급가산금의 이율】

대법원 2019.8.14. 선고 2019다 228247 판결
특별한 사정이 없는 한 원고의 상속 세 연부연납 가산금을 산정함에 있 어 각 기간에 따라… 각각 개정된 이자율을 적용하는 것이 과세의 형 평과 상속세 연부연납 가산금의 취 지에 비추어 타당하다.

이때 연부연납 대상기간은 10년 이내의 기간 내에서 상속인이 신청할 수 있으며, 각 회차에 납부할 상속세가 1천만원을 초과하는 범위 내에서 신청 가능합니다.

③ 물납

물납이란 상속세를 금전이 아닌 현물로 납부하는 것으로, 연부연납과 마찬가지로 요건을 충족한 상태에서, 과세관청의 허가로 인해 그 효력이 발생합니다. 상증세법은 물납의 요건으로 (i) 상속재산 중 부동산과 유가증권의 가액이 상속재산의 50%를 초과하며, (ii) 상속세 납부세액이 2천만 원을 초과하고, (iii) 상속세 납부세액이 상속재산 가액 중 상속재산 중 금융재산으로는 상속세 납부세액을 충당할 수 없고, 부동산 재산의 비율이 높은 등 법 소정의 요건을 충족한 경우에 한해 납세자가 신청할 수 있는 제도입니다.

[물납 요건 및 주요내용]

물납 요건	내용
2천만 원 초과	상속세 납부세액(차가감납부할세액)이 2천만 원을 초과해야 합니다.
부동산 비중과다	상속재산 중 부동산과 유가증권의 가액이 상속재산가액의 50%를 초과해야 합니다. - 부동산: 국내 소재 부동산 - 유가증권: 국채·공채·주권 및 내국법인이 발행한 채권 또는 증권 　　　　　　상장주식은 원칙적으로 대상에서 제외 　　　　　　비상장주식은 부동산 등으로 물납충당이 안되는 경우 포함
세액〉 금융재산	상속세 납부세액이 상속재산 중 금융재산의 가액을 초과해야 합니다. - 금융재산: 예금, 적금, 부금, 계금, 출자금, 특정금전신탁, 보험금, 공제금, 어음
물납 신청	물납을 신청하고자 하는 자는 상속세과세표준 신고기한(결정통지에 의해 납세고지를 받은 경우 납세고지서상 납부기한) 내에 신청을 해야 합니다.

물납 요건	내용
물납대상 재산	물납대상 신청은 세법에서 규정하는 자산에 대해서만 가능합니다. {표} - 상속재산 중 물납가능한 재산이 여러 개 있을 경우, 반드시 법에서 규정하는 순서에 따라 물납이 이루어져야 합니다. ① 국채 및 공채 ② 물납대상에 포함되는 유가증권 중 상장주식 ③ 국내에 소재하는 부동산(아래 (6) 재산 제외) ④ 물납대상 유가증권들 중 (1), (2), (5)에 속하지 않는 증권 ⑤ 물납대상에 포함되는 비상장주식 ⑥ 상속인이 거주하는 주택 및 부수토지
물납대상 재산 환가성	위 물납대상 재산이라고 하더라도 관리·처분이 어려운 다음의 재산은 물납대상에서 제외됩니다. {표}

물납대상 재산 표:

물납대상자산	비고
부동산	국내소재 부동산
국채·공채·주권 및 내국법인이 발행한 채권 또는 증권	- 상장주식: 원칙적으로 대상 제외 - 비상장주식: 상속재산 중 국·공채, 상장주식, 부동산으로 물납 충당이 안되는 경우 가능

물납대상 재산 환가성 표:

물납대상자산	비고
부동산	① 전세권·저당권 등 재산권이 설정된 경우 ② 물납신청한 토지와 건물의 소유자가 다른 경우 ③ 토지의 일부에 묘지가 있는 경우 ④ 무허가건축물 및 그 부수토지 ⑤ 소유권이 공유로 되어 있는 재산
유가증권	① 폐업 등으로 사업자등록이 말소된 경우 ② 해산사유발생 또는 회생절차 중에 있는 경우 ③ 물납신청 전 2년 내 결손이 발생한 경우 ④ 물납신청 전 2년 내 외부감사대상법인에 해당함에도 감사보고서가 작성되지 않은 경우

원칙적으로 물납대상재산은 상속세를 금원으로 납부할 여력이 없는 상속인에 대한 편의를 도모하기 위한 제도이므로, 물납대상재산은 상속재산 중에서만 한정된다고 보는 것이 조세심판원의 입장입니다. 또한, 물납은 그 자산을 유상으로 이전하는 행위로서 소득세법에서 규정하는 양도에 해당하므로, 물납을 통해 상속세를 납부하였더라도 물납재산에 대한 양도소득세 신고 대상임를 잊지 말아야 합니다.

조심 2018서0280, 2018.3.6.

물납 요건 및 신청의 범위를 상속받은 재산을 전제로 하여 규정하고 있으므로 물납대상재산은 상속재산으로만 한정된다고 봄이 타당해 보이는 점

서울고등법원 2021.5.26. 선고 2020누57198 판결

물납은 자산의 유상적 양도로 보아야 하고, 양도소득이 있는 경우 그에 대하여 양도소득세를 부과할 수 있다고 봄이 합리적이다.

PART 3

상속재산별 효율적인
절세방안

상속재산별 세금을 절약하기 위한 효율적인 방안 알아내기

우리가 통상적으로 접하는 재산은 대표적으로 현금과 주식 및 채권 등의 금융상품, 그리고 부동산, 각종 보험상품과 회원권 등의 기타 재산 등이 있습니다. 상속세 신고 목적에서 이러한 재산들이 상속재산에 속해 있을 때, 피상속인의 상속재산별 발생할 수 있는 평가방법과 관련 쟁점들, 그리고 각 재산별 상속인들이 모색할 수 있는 방안들을 숙지할 필요성이 있습니다.

또한, 상속세 신고실무를 진행함에 있어 상속공제를 효율적으로 적용하는 것은 상속세액의 절감에 직접적인 영향을 미치기에 이에 대한 대비 또한 필요하기에, 이하에서는 이에 대한 내용을 살펴보도록 합니다.

우리는 PART1부터 PART2 내용을 통해 상속과 관련된 기본적인 법률관계, 우리나라의 상속제도 전반에 대한 특징을 살펴보고, 상속세와 관련된 기본적인 계산구조와 신고절차 등에 대해서 알아보았습니다. 이제 본격적으로 상속세를 준비함에 있어 상속재산별로 효율적인 절세를 위해 파악해야 할 자산별 특징에 대해서 살펴보고자 합니다.

우리가 통상적으로 접하는 재산의 구성으로는 대표적으로 현금과 주식 및 채권 등의 금융상품, 그리고 토지 및 건물, 주택 등의 부동산을 예로 들 수 있습니다. 또한 요즘 유행하는 절세상품으로 각종 보험상품이 있는 만큼 상속세 신고에 있어 보험상품 외에 골프, 콘도회원권 등도 일반적으로 흔히 볼 수 있는 상속재산에 해당합니다. 따라서 상속세를 준비함에 있어 각종 상속재산별 효율적인 절세방안을 모색하기 위하여 생전에 피상속인과 상속인들이 준비해야 할 사항을 숙지할 필요성이 있습니다.

또한 상속세 신고실무를 진행함에 있어 상속공제를 효율적으로 적용하는 것은 상속세액의 절감에 직접적인 영향을 미치기에 이에 대한 대비 또한 필요합니다. 따라서 본 PART3에서는 상속이 개시되고 피상속인의 상속재산 내역을 확인하게 되었을 때, 피상속인의 상속재산별 발생할 수 있는 평가방법과 관련 쟁점들, 그리고 각 재산별 상속인들이 모색할 수 있는 효율적인 절세방안에 대해서 살펴보도록 합니다.

1 부동산

(1) 토지 및 건물: 시가평가 규정을 숙지하여 감정평가 여부를 전략적으로 선정하라

KEY POINT

토지 및 건물: 상속재산 중 부동산 재산에 대한 상속재산 평가에 있어서는 우선 시가를 우선하되, 시가가 없는 경우 보충적 평가액(기준시가, 공시지가 등)을 평가액으로 인정하고 있습니다.

주택과는 달리 일반적인 토지(부수토지 포함) 및 건물의 경우, 비교가능한 물건지를 기초로 한 매매사례가액 산정이 어려우므로 과세관청은 납세자의 감정평가를 통한 감정평가액을 신고가액으로 보도록 장려하고 있으며, 그러한 방법에 따를지에 대해서는 여러 가지 제반 사항을 고려하여 납세자가 판단을 해야 합니다.

① 부동산에 대한 시가평가

가 상증세법에 따른 부동산 평가의 원칙

상속재산은 상증세법에서 규정한 각 상속재산별 평가방법에 따라 이루어지게 되며, 현행 상증세법은 기본적으로 재산의 평가에 있어서 다음의 각 순서에 따른 평가방법을 순차적으로 정하도록 규정하고 있습니다. 먼저, 상증세법에서 규정하는 시가를 따르되, 해당 가액이 없는 경우 상증세법에서 규정하는 보충적 평가방법에 따라 평가를 하게 됩니다.

상증세법에 따른 부동산 평가방법	
1순위: 시가	평가기준일(상속개시일 전후 6개월) 내 다음의 가액 - 매매사례가액, 감정평가액, 수용·경매·공매가액

2순위: 보충적 평가	시가가 없는 경우, 보충적 평가방법 적용
	- 토지: 개별공시지가
	- 주택: 개별주택가격 및 공동주택가격
	- 오피스텔 및 상업용 건물: 국세청장 고시가액
	- 일반건물: 신축가격기준액·구조·용도·위치·신축연도·개별건물의
	  특성 등을 참작하여 매년 1회 이상 국세청장이 산정·고시하는 가
	  액으로 평가

이 때, 시가란 시가는 불특정 다수인 사이에 자유로이 거래가 이루어지는 경우에 통상 성립된다고 인정되는 가액을 말하는 것으로서, 상속개시일 전후 6월 이내의 기간 중 매매·감정·수용·경매 또는 공매가 있는 경우에는 그 확인되는 가액을 포함합니다.

🔵 나 부동산 시가의 인정 범위

상증세법은 시가를 불특정 다수인 사이에 거래가 이루어지는 경우 그 가액을 뜻한다고 규정하고 있으므로 법에서 규정하는 시가가 어디까지를 포함하는지가 쟁점이 될 수 있습니다. 현행 상증세법은 시가의 인정범위로 (1) 매매사례가액(유사매매사례가액), (2) 감정평가액, (3) 수용·공매·경매가액을 규정하고 있으며, 각 규정에 따른 시가 인정범위는 다음과 같습니다.

[상증세법에 따른 부동산의 시가 인정범위]

구분	내용
시가 기준	[평가기준일] 상속개시일 [평가의 원칙] 평가기준일 전·후 6개월 내에 다음 각 호 중 어느 하나에 해당하는 가액이 있는 경우 그 가액을 해당 재산의 평가가액으로 봄 – 매매사례가액 : 매매계약일 – 감정평가액 : 감정평가서의 작성일 – 수용·경매·공매가액 등 : 수용·경매·공매가액 등이 결정된 날 – 시가로 보는 가액이 2 이상인 경우에는 평가기준일로부터 가장 가까운 날에 해당하는 평가가액을 따름
매매사례 가액	매매사례가액: 해당 재산에 대한 매매사실이 있는 경우 – 특수관계인(직계존비속, 4촌 이내 혈족 등) 간 거래는 제외 　유사매매사례가액: 해당 재산이 아니더라도 법에서 규정하는 유사한 재산은 시가로 볼 수 있음 〈유사매매사례가액으로 볼 수 있는 주택 요건〉 – 평가대상 주택과 동일한 공동주택단지일 것 – 평가대상 주택과 주거전용면적의 차이가 주거전용면적의 5% 이내일 것 – 평가대상 주택과 공동주택가격의 차이가 공동주택가격의 5% 이내일 것 〈유사매매사례가액으로 볼 수 있는 기타재산 요건〉 – 평가대상 재산과 면적·위치·용도·종목 및 기준시가가 동일하거나 유사한 다른 재산
감정평가액	해당 재산에 대한 둘 이상 감정평가액이 있는 경우 해당 감정평가액 평균 – 기준시가 10억 원 미만 재산의 경우 하나의 감정평가액도 인정함 – 다만, 감정평가사가 일정한 조건이 충족될 것을 전제로 당해 재산을 평가한 경우 해당 평가액은 제외됨
수용·경매· 공매가액	해당 재산에 대한 수용·경매·공매사실이 있는 경우 – 수의계약에 의해 취득한 물건은 시가로 인정하지 않음

 평가심의위원회의 시가 심의

　현행 상증세법은 평가기간에 해당하지 아니하는 기간으로서 상속개시일·증여일 전 2년 이내의 기간 중에 상속·증여재산과 면적·위치·

용도·종목 및 기준시가가 동일하거나 유사한 다른 재산에 대한 매매가액·감정가액 등이 있는 경우로서 납세자, 세무서장 등이 재산평가심의위원회에 해당 매매 등의 가액에 대한 시가 심의를 신청하고 위원회에서 시가로 인정한 경우 당해 가액을 시가로 인정하고 있습니다.

따라서, 과세관청은 특정한 상속재산에 대하여 상속개시일 전 2년 내의 기간에 매매가 있거나 상속세 신고기한으로부터 9개월 내에 매매가 있는 경우 관할 세무서장 또는 지방국세청장의 신청에 따라 평가심의위원회를 개최하고, 해당 심의를 거쳐 해당 매매가액을 시가로 보아 상속재산을 평가할 수 있습니다.

② 감정평가 진행 여부에 대한 전략적 의사결정

위 규정에 따르면, 토지 및 건물에 대한 상속재산 평가시 우선 시가가 존재하는 경우 시가에 따르고, 시가가 존재하지 않는 경우에 한하여 보충적 평가방법에 따른 평가액(기준시가 등)에 따른다는 점을 알 수 있습니다.

다만, 여기서 문제가 발생하는 지점은 동일한 성격 또는 유사한 외형이나 자산규모를 비교적 균일하게 갖고 있는 아파트와는 달리 일반적인 토지와 건물은 바로 옆 필지라고 하더라도 각 필지별 특성에 따라 평가가액이 달라지고 상이하다는 점에 있습니다. 조세심판원 또한 토지의 면적, 접도 여부, 토지지목, 토지이용계획에 따라 개별 토지의 특수성을 인정하고 있습니다. 따라서, 토지 및 건물에 대해서 유사매매사례가액의 적용은 현실적으로 어렵기에 이러한 개별적 특수성이 강한 부동산 물건에 대해서는 통상적으로 시가의 여부를 판단함에 있어 과세관청은 감정평가기관의 감정평가액을 그 시가로 제시하는 경우가 많습니다. 특히, 피상속인의 사망을 원인으로 상속이 개시된 경우 과세관청은 해당 부동산을 감정평가 대상으로 선정하고, 지방국세청별로

조심 2020부0297, 2020.10.6.
쟁점토지의 면적이 비교토지의 면적에 비해 약 2.7배 넓은 점, 쟁점토지는 작은 도로(소류1류)에 접합되어 있고「교육환경 보호에 관한 법률」상 절대보호구역이나 비교토지는 도로에 연접하지 아니한 상대보호구역인 점 등에 비추어 청구주장을 받아들이기는 어렵다.

설치된 평가심의위원회에 해당 재산에 대한 시가 심의를 회부하여 해당 감정평가액을 시가로 인정받는 경우가 많습니다.

다만, 모든 상속재산에 대해서 이런 직권감정을 진행할 수는 없으며, 그 대상 또한 다음과 같이 포괄적으로만 규정되어 있기에 납세자 입장에서는 상속세에 대한 예측가능성이 낮아지는 문제가 발생합니다.

상속세 및 증여세 사무처리규정 제72조

② 지방국세청장 또는 세무서장은 다음 각 호의 사항을 고려하여 비주거용부동산 감정평가 대상을 선정할 수 있으며… (후략)
1. 추정시가와 보충적 평가액의 차이가 10억 원 이상인 경우
2. 추정시가와 보충적 평가액 차이의 비율이 10% 이상인 경우

국세청은 납세자가 직접 감정평가를 진행하고, 그에 대한 평가가액을 상속재산가액으로 상정할 경우 이를 인정하고 감정평가수수료의 일부를 공제하는 등 납세자의 감정평가를 통한 시가평가를 장려하고 있습니다.

이와 관련하여, 납세자가 감정평가를 선택할지, 기준시가 등 보충적 평가방법에 따라 신고할지에 대해서는 획일화된 정답은 존재하지 않습니다. 납세자가 감정평가법인을 직접 선정하여 감정평가가액으로 신고를 진행할 경우 국세청이 선정한 감정평가법인이 진행하는 평가가액과 다소 금액 차이가 발생할 수 있으며, 신고가액에 대한 신고세액공제를 받을 수 있다는 장점이 존재합니다.

만일 납세자가 기준시가로 평가를 할 경우, 최초에 신고되는 가액을 낮춰서 신고가 진행되므로 만일 세무조사 단계에서 국세청의 직권감정이 이루어지지 않는다면 비교적 낮은 가액으로 상속재산을 평가할 수 있다는 장점이 있으며, 직권감정이 이루어져서 상속세액이 증가하더라도 이에 대해서는 가산세가 부과되지 않는다는 장점이 존재합

니다. 따라서, 납세자의 상황에 따라 상속재산의 규모, 용도 등을
두루 고려하여 신고가액의 방안을 선정하는 전략을 모색하는 것이
중요하겠습니다.

(2) 주택: 상속주택 비과세 규정(소수지분 특례규정)을 활용 하라

G KEY POINT

> **주택:** 상속주택에 대한 비과세 특례규정은 1세대 1주택 비과세 요건에
> 대한 특례에 해당하므로 1세대 1주택 비과세 요건과 더불어 상속주택에
> 대하여 세법이 주는 특례규정을 이해하고 있어야 합니다.
> 이러한 상속주택의 비과세 특례는 종전주택을 1주택 보유한 거주자가 상
> 속주택을 취득한 후 종전주택을 양도한 경우에 적용 가능하므로, 피상속
> 인 소유 주택이 여러 채 있을 경우, 상속주택 특례 대상이 되는 주택은
> 기존 주택을 보유하고 있는 상속인의 귀속으로, 선순위 상속주택이 아닌
> 경우 주택을 보유하고 있지 않는 상속인의 귀속으로 상속재산에 대한 분
> 할협의를 이루는 것이 세제목적상 바람직합니다.

① 주택에 대한 양도소득세 비과세 규정의 이해

상속주택에 대한 비과세 규정을 활용하기 위해서는 현행 세법이 주
택의 양도에 대해서 제공하는 세제상 혜택, 즉 주택에 대한 비과세
규정을 이해하고 있어야 합니다. 상속주택에 대한 특례규정 또한 이
러한 1세대 1주택 비과세 규정에 대한 특례규정에 해당하기 때문입
니다.

현행 소득세법은 양도일 현재 거주자가 아래에서 규정하는 모든
요건을 충족할 경우 해당 주택의 양도로 인해 발생하는 소득은 비과
세에 해당한다고 규정하고 있습니다.

소득세법 제89조
【비과세 양도소득】

1세대 1주택 비과세 요건(소득세법 제89조 제1항)		
기본 요건	1세대 요건	1세대가 양도일 현재 국내에 1주택만을 보유할 것
	보유·거주 요건	주택을 2년 이상 보유하며, 취득 당시 조정대상지역에 있는 주택이었을 경우 보유기간 중 2년 이상 거주한 주택일 것
	거주자 요건	국내세법상 거주자가 양도하는 주택일 것
주택 요건	주택 요건	실지거래가액이 12억 원 초과 고가주택이 아닐 것 - 12억 원을 초과 시, 12억 원에 상당하는 양도차익만큼 비과세
	부수토지 요건	주택부수토지의 면적이 주택정착면적의 특정 배수 이하일 것 - 도시지역: 5배(수도권 내 주거지역 3배) - 도시지역 외: 10배

가 1세대 여부의 판정

소득세법 제88조
【정의】

1세대 1주택의 비과세 여부 판단 시 매우 중요한 요건으로서 현행 세법은 1세대가 보유하는 1주택에 대한 주택 양도가 비과세임을 분명히 명시하고 있으며, 1세대란 "거주자 및 그 배우자(법률상 이혼상태인 동거인 포함)가 그들과 동일한 주소(거소)에서 생계를 같이하는 가족과 함께 구성하는 가족집단"을 뜻합니다. 여기서 가족이란 거주자와 그 배우자의 직계존비속(그 배우자 포함) 및 형제자매를 뜻하므로 현행 소득세법은 "1세대"를 구성하기 위해서는 ① 배우자, ② 동일한 주소, ③ 생계를 같이하는 가족집단일 것을 요건으로 보고 있습니다. 여기서 생계를 같이 하는 동거가족인가의 여부는 그 주민등록지가 같은가의 여하에 불구하고 현실적으로 한 세대 내에서 거주하면서 생계를 함께하고 동거하는가의 여부에 따라 판단되어야 한다고 보는 것이 대법원의 입장입니다.

대법원 1989.5.23. 선고, 88누 3826 판결

생계를 같이하는 동거가족이란 현실적으로 생계를 같이 하는 동거가족을 의미하는 것이며, 반드시 주민등록표상 세대를 같이함을 요하지는 않으나 일상생활에서 볼 때 유무상통하여 동일한 생활자금에서 생활하는 단위를 의미한다고 할 것이므로 생계를 같이하는 동거가족인가의 여부의 판단은 그 주민등록지가 같은가의 여하에 불구하고 현실적으로 한 세대 내에서 거주하면서 생계를 함께하고 동거하는가의 여부에 따라 판단되어야 할 것이다.

한편, 독립된 생계를 구성하는 성년자녀의 경우 부모와 같은 주소에서 거주하더라도 부모와 같은 세대 구성원으로 구분하는 것은 바람

직하지 않으므로 현행 소득세법은 배우자가 없더라도 시행령에서 규정하는 다음 중 어느 하나의 요건을 충족한 경우, "1세대"를 독립적으로 구성한다고 봅니다.

소득세법 시행령 제152조의3(1세대의 범위)

법 제88조 제6호 단서에서 "대통령령으로 정하는 경우"란 다음 각 호의 어느 하나에 해당하는 경우를 말한다.
1. 해당 거주자의 나이가 30세 이상인 경우
2. 배우자가 사망하거나 이혼한 경우
3. 법 제4조에 따른 소득이 「국민기초생활 보장법」 제2조 제11호에 따른 기준 중위소득의 100분의 40 수준 이상으로서 소유하고 있는 주택 또는 토지를 관리·유지하면서 독립된 생계를 유지할 수 있는 경우

결국, 성년자녀의 나이가 30세 이상이거나, 법 소정의 소득을 구성하고 있다면 부모와 생계를 같이하지 않는 한 별도의 "1세대"를 구성한 것으로 볼 수 있으며, 여기서 생계를 같이하는지 여부에 대해서는 사실판단이 필요한 사항입니다. 일반적으로 조세심판원은 생계를 같이하는지 여부에 대해서 다음의 판단 요건을 제시한 바 있습니다.

독립된 생계 인정	독립된 생계 불인정
- 부모에게 임대소득이 있는 등 경제활동을 하는 경우 (조심 2018서1779, 2018.6.29) - 부모와 자녀 각자 소득을 통해 각자의 통장과 신용카드로 생활비를 지출하는 경우 (조심 2018서4933, 2019.2.18.)	- 자녀의 일상생활에 지출되는 식료품비 등을 부모 신용카드로 충당하는 경우 (조심 2020서8367, 2021.4.26.) - 자녀소유 주택 취득자금을 부모가 부담하고 사후관리 또한 부모가 관리하는 경우 (조심 2021서2996, 2021.8.17.) - 대학생이 군 입대 전 수개월 동안 일하면서 벌어들인 소득 (소득세법 집행기준 88-152의 3-6)

🔵나 보유기간·거주기간 판정

• 보유기간 요건

소득세법 시행령 제154조
【1세대 1주택의 범위】
⑤ 제1항에 따른 보유기간의 계산은 법 제95조 제4항에 따른다.

1세대 1주택 비과세 요건을 충족하기 위해서는, 해당 주택의 보유기간이 2년(비거주자가 해당 주택을 3년 이상 계속 보유하고 그 주택에서 거주한 상태로 거주자로 전환된 경우는 3년) 이상이어야 합니다. 현행 규정에 따르면 보유기간은 장기보유특별공제의 보유기간에 따르며, 취득한 날(초일)을 산입하여 양도한 날짜까지로 계산됩니다.

• 거주기간 요건

정부는 2017.8.2. 부동산 대책 발표를 통해, 2017.8.3. 이후 조정대상지역 내 주택을 취득하는 경우 2년 이상 거주하여야 비과세를 적용하는 것으로 발표 후 관련 시행령이 개정되었습니다. 이에 따라, 취득당시 조정대상지역에 있는 주택을 취득하는 경우 보유기간 요건 외에 보유기간 중 거주기간 2년의 요건을 충족해야 합니다. 다만, 취학, 근무상의 형편 등으로 인해 실거주가 불가능한 사유가 있을 수 있으며, 현행 소득세법 시행규칙은 거주기간의 예외 사유를 다음과 같이 규정하고 있습니다.

보유기간·거주기간 예외 사유(소득세법 시행령 제154조 제1항 각 호)	
민간건설임대주택 등 취득 후 양도	민간건설임대주택 등을 취득하여 양도하는 경우로서 해당 주택의 임차일로부터 양도일 내 세대전원 거주기간이 5년 이상인 경우
협의매수·수용	주택 및 부수토지가 협의매수 및 수용되는 경우
해외이주	해외이주법에 따라 해외이주로 세대전원이 출국하는 경우 (출국일 현재 1주택을 보유 중인 경우로서 출국일로부터 2년 이내 양도하는 경우로 한정)
1년 이상 국외거주	취학, 근무상 형편에 따라 국외거주하는 경우 (출국일 현재 1주택을 보유 중인 경우로서 출국일로부터 2년 이내 양도하는 경우로 한정)
취학, 질병 요양 등의 이유	1년 이상 거주한 주택을 취학, 근무상의 형편, 질병 요양 등의 사유로 양도하는 경우

 ## 다 1주택 여부의 판정

주택이란 허가 여부나 공부상의 용도구분과 관계없이 세대의 구성원이 독립된 주거생활을 할 수 있는 구조로서 사실상 주거용으로 사용하는 건물을 뜻합니다. 이 때, 용도가 불분명한 경우 공부상의 용도에 따르도록 규정하고 있기 때문에 오피스텔의 비과세 여부 판단 시 주거용 여부를 판단하고 있으나, 내부시설 및 구조 등을 주거용으로 변경하여 항상 주거용으로 사용가능한 경우에는 이를 주택으로 봅니다.

한편, 1세대를 구성하는 거주자가 국가의 정책에 부응하는 사유 또는 사업상의 사유 등으로 인해 2주택 이상을 보유하게 되는 경우가 발생할 수 있는데, 이에 대하여 비과세 대상에서 제외를 하게 되면 이는 과세형평의 취지에 어긋나게 되므로 현행 법률은 법에서 규정하는 특정한 주택을 보유한 경우 국내에 1주택을 보유한 것으로 보아 1

소득세법 제88조
【정의】
7. "주택"이란 허가 여부나 공부 (公簿)상의 용도구분과 관계없이 세대의 구성원이 독립된 주거생활을 할 수 있는 구조로서 대통령령으로 정하는 구조를 갖추어 사실상 주거용으로 사용하는 건물을 말한다. 이 경우 그 용도가 분명하지 아니하면 공부상의 용도에 따른다.

소득세법 집행기준 89-154-13
【공실인 오피스텔의 주택 여부】

세대 1주택 비과세 규정을 적용하도록 규정하고 있는데, 그 대상은 다음과 같습니다.

1세대 1주택 특례(소득세법 시행령 제155조 각 항)	
구분	요건
일시적 2주택	(1) 종전주택(A)를 취득하고 1년 후 신규주택(B)를 취득할 것 (2) 신규주택(B)취득 후 3년 내에 종전주택(A)를 매도할 것 (3) 종전주택(A) 양도 시 1세대 1주택 비과세 요건을 충족할 것
상속주택	(1) 상속개시 당시 종전주택(A)을 보유하고 있고 상속으로 인해 상속주택(B)을 취득할 것 (2) 종전주택(A) 양도 시 1세대 1주택 비과세 요건을 충족할 것
상속주택 소수지분	(1) 상속개시 당시 종전주택(A)을 보유하고 있고 상속으로 인해 상속주택(B)의 소수지분을 취득할 것 (2) 종전주택(A) 양도 시 1세대 1주택 비과세 요건을 충족할 것
동거봉양 합가주택	(1) 종전주택(A) 1주택을 보유한 자가 60세 이상 직계존속(1주택 보유)과 세대합가 할 것 (2) 1세대 1주택 비과세 요건 충족 주택을 10년 내 매도할 것
혼인 합가주택	(1) 종전주택(A) 1주택을 보유한 자가 1주택을 보유한 자와 혼인하여 1세대 2주택을 구성할 것 (2) 1세대 1주택 비과세 요건 충족 주택을 5년 내 매도할 것
문화재주택	(1) 종전주택(A)과 지정문화재 주택(B) 2주택을 보유할 것 (2) 종전주택(A)이 1세대 1주택 비과세 요건을 충족할 것
거주주택 비과세	(1) 법 소정의 요건을 충족한 장기임대주택(A)과 그 밖의 주택(B)을 보유한 자가 거주주택(B)을 양도할 것 (2) 거주주택(B)이 1세대 1주택 비과세 요건을 충족할 것

② 상속받은 주택에 대한 비과세 예외 규정

가 상속주택 관련 양도소득세 규정

상속받은 주택과 그 밖의 주택(상속개시 당시 보유한 주택 또는 상속개시 당시 보유한 조합원입주권이나 분양권에 의하여 사업시행 완료 후 취득한 신축주택만 해당하며, 상속개시일부터 소급하여 2년 이내에 피상속인으로부터 증여받은 주택 또는 증여받은 조합원입주권이나 분양권에 의하여 사업시행 완료 후 취득한 신축주택은 제외한다)을 국내에 각각 1개씩 소유하고 있는 1세대가 일반주택을 양도하는 경우에는 국내에 1개의 주택을 소유하고 있는 것으로 보아 1세대 1주택 비과세 규정을 적용합니다.

만일 피상속인이 상속개시 당시 2주택을 소유한 경우 다음의 순서에 따른 주택을 양도소득세 특례 대상이 되는 "상속받은 주택"으로 보게 되므로, 통상적으로 피상속인이 보유한 주택 중 보유기간이 가장 긴 주택을 상속받은 주택으로 보게 됩니다.

상속받은 주택(소득세법 시행령 제155조 제2항)

① 피상속인이 소유한 기간이 가장 긴 1주택
② 피상속인이 소유한 기간이 같은 주택이 2 이상일 경우에는 피상속인이 거주한 기간이 가장 긴 1주택
③ 피상속인이 소유한 기간 및 거주한 기간이 모두 같은 주택이 2 이상일 경우에는 피상속인이 상속개시 당시 거주한 1주택
④ 피상속인이 거주한 사실이 없는 주택으로서 소유한 기간이 같은 주택이 2 이상일 경우에는 기준시가가 가장 높은 1주택(기준시가가 같은 경우에는 상속인이 선택하는 1주택)

또한, 이러한 상속주택 비과세 특례는 상속개시 당시 보유하던 일반주택을 양도하는 경우에만 적용되므로, 상속주택을 보유한 상태에서

기획재정부 재산세제과-1030, 2010.10.27.

상속받은 주택과 그 밖의 주택을 국내에 각각 1개씩 소유하고 있는 1세대가 일반주택을 양도하는 경우에는 「소득세법 시행령」 제155조 제2항에 따라 국내에 1개의 주택을 소유하고 있는 것으로 보아 「소득세법 시행령」 제154조 제1항을 적용하는 것이나, 상속받은 주택을 동일 세대내 다른 세대원에게 증여하고 일반주택을 양도하는 경우에는 그러하지 아니하는 것임

일반주택을 취득하였다가 일반주택을 양도하는 경우 상속주택 비과세 특례 적용 대상이 아니며, 일반주택을 양도하기 전 상속받은 주택을 동일 세대내 다른 세대원에게 증여한 후 일반주택을 양도하는 경우 상속주택에 대한 비과세 특례규정이 적용되지 않습니다.

[상속주택 특례규정 관련 집행기준 내용 요약]

구분	내용	비고
별도세대인 다른 피상속인들로부터 각각 1주택씩 상속받은 경우	1세대가 별도세대인 다른 피상속인들로부터 상속주택을 각각 1주택씩 상속받아 2주택을 소유하고 있는 경우, 그 상속받은 2주택 중 1주택을 양도하는 경우 보유하는 1주택은 상속주택 특례규정 적용	집행기준 89-155-9
상속주택을 멸실하고 새로운 주택을 신축한 경우	상속받은 주택을 멸실하고 새로운 주택을 신축한 경우 그 신축주택은 상속받은 주택의 연장으로 보아 1세대 1주택 비과세 특례규정 적용	집행기준 89-155-10
남편이 소유하던 상속주택을 아내가 다시 상속받은 경우	아내가 일반주택을 취득한 후 남편이 같은 세대원이 아닌 피상속인으로부터 1주택을 상속받아 1세대 2주택인 상태에서 남편의 사망으로 남편 소유의 상속주택을 아내가 상속받은 후 일반주택을 양도하는 경우 일반주택만을 소유하고 있는 것으로 보아 1세대 1주택 비과세 여부 판정	집행기준 89-155-11
상속주택의 상속등기가 이루어지지 않은 경우	상속주택 외의 주택을 양도할 때까지 상속주택을 협의분할하여 등기하지 아니하는 경우에는 법정상속분에 따라 해당 상속주택을 소유하는 것으로 봄.	집행기준 89-155-12
상속주택 비과세 특례는 상속 당시 보유 1주택에 한함	상속받은 주택을 소유한 상태에서 일반주택을 수차례 취득·양도하는 경우 매번마다 양도소득세를 비과세를 받을 수 있는 불합리를 개선하여 상속받은 시점에서 상속인의 1세대 1주택에 대해서만 비과세 특례 적용	집행기준 89-155-15

따라서, 아직 상속이 개시되기 전이라면 지방에 낡고 선산 인근에 있는 노후화된 주택은 선순위 상속주택으로 취급되지 않도록 처분하거나 멸실하는 것이 바람직합니다. 또한 피상속인 소유 주택이 여러 채 있을 경우, 상속주택 특례 대상이 되는 주택은 기존 주택을 보유하고 있는 상속인의 귀속으로, 선순위 상속주택이 아닌 경우 주택을 보유하고 있지 않은 상속인의 귀속으로 상속재산에 대한 분할협의를 이루는 것이 세제목적상 바람직합니다.

나 상속주택의 취득세 중과 배제

정부의 다주택자 규제 정책의 영향으로 지방세법이 개정되어 2020. 8. 12. 이후 다주택자 또는 법인이 취득하는 주택의 경우 취득세율이 중과되어 적용됩니다. 다만, 상속주택의 경우 그 취득의 원인이 투기의 목적에 있지 않으므로 상속을 원인으로 취득한 주택, 조합원입주권, 주택분양권 또는 오피스텔로서 상속개시일부터 5년이 지나지 않은 경우 주택 수 기산 시 제외됩니다.

> 지방세법 시행령 제28조의4
> 【주택 수의 산정방법】
> ⑥ 제1항부터 제5항까지의 규정에 따라 1세대의 주택 수를 산정할 때 다음 각 호의 어느 하나에 해당하는 주택, 조합원입주권, 주택분양권 또는 오피스텔은 소유주택수에서 제외한다.
> 3. 상속을 원인으로 취득한 주택, 조합원입주권, 주택분양권 또는 오피스텔로서 상속개시일부터 5년이 지나지 않은 주택, 조합원입주권, 주택분양권 또는 오피스텔

③ 상속받은 주택 중 소수지분 예외 규정

가 상속주택의 소수지분에 대한 양도소득세 규정

현행 세법은 상속으로 여러 사람이 공동으로 주택을 소유하게 되는 경우 이를 공동상속주택이라고 명칭하며 공동상속주택의 상속지분이 가장 큰 자를 제외한 나머지 상속인들을 상속주택의 소수지분자로 보고 있습니다. 이 때 상속주택 소수지분 외에 주택(A)을 소유한 거주자가 주택(A)을 양도하는 경우 공동상속주택 소수지분은 해당 거주자의 주택으로 보지 않고 1세대 1주택 비과세 규정을 적용하도록 규정

> 소득세법 시행령 제155조 제3항

피상속인이 상속개시 당시 2 이상
의 주택을 소유한 경우에는 다음
각 호의 순위에 따른 1주택을 말
한다.

1. 피상속인이 소유한 기간이 가장
   긴 1주택
2. 피상속인이 소유한 기간이 같은
   주택이 2 이상일 경우에는 피상
   속인이 거주한 기간이 가장 긴
   1주택
3. 피상속인이 소유한 기간 및 거주
   한 기간이 모두 같은 주택이 2
   이상일 경우에는 피상속인이 상
   속개시당시 거주한 1주택
4. 피상속인이 거주한 사실이 없는
   주택으로서 소유한 기간이 같은
   주택이 2 이상일 경우에는 기준
   시가가 가장 높은 1주택(기준시
   가가 같은 경우에는 상속인이
   선택하는 1주택)

2017.2.3. 대통령령 제27829호,
개정

하고 있습니다. 다만, 이러한 상속주택의 소수지분을 여러 채 보유하는 경우 모든 상속주택의 소수지분이 양도소득세 계산 시 주택수에 포함되지 않는 특혜가 생길 수 있기에, 정부는 2017년 상속개시 당시 2주택 이상의 주택을 소유한 경우, 법에서 규정하는 선순위 상속주택에 한하여 주택수에서 기산되지 않도록 소득세법 시행령을 개정하였습니다. 따라서, 현행 세법상 상속주택의 소수지분에 대한 특례 규정은 선순위 상속주택에 한하여 적용됩니다.

만일 피상속인이 보유 중이던 주택 2채(A, B)가 상속인들에게 공동상속되어 상속인들이 법정상속분에 따라 A, B주택에 대한 지분을 보유하게 되는 경우, 상속주택에 대한 소수지분 특례는 A, B 주택 중 선순위 상속주택에 해당하는 주택(소유기간이 가장 긴 1주택)에 한하여 적용됩니다. 이에 따라, 만일 상속인이 기존에 주택을 보유하고 있던 상태에서 A, B 주택에 대한 지분을 일부 소유(소수지분)하게 될 경우 이는 상속주택에 대한 소수지분이 아닌 바, 기존 주택 양도 시 양도소득세 비과세 대상이 되지 않습니다.

따라서, 피상속인이 2주택 이상의 주택을 보유하던 상태에서 상속이 개시될 경우 각 상속인별 주택보유현황과 향후 주거계획, 매매계획에 따라 합리적으로 재산분할을 계획하고 검토하는 것이 바람직합니다.

나 상속주택 소수지분의 취득세 계산 시 주택수 배제

지방세법 시행령 제28조의4
【주택 수의 산정방법】

상속을 원인으로 여러 사람이 공동으로 1개의 주택을 소유하게 되는 경우 지분이 가장 큰 상속인을 그 주택의 소유자로 보게 되며, 지분이 가장 큰 상속인이 두 명 이상인 경우에는 그 주택에 거주하는 사람, 나이가 가장 많은 사람 순으로 주택의 소유자를 판정합니다.

따라서, 취득세 계산 시 상속주택의 소수지분을 갖고 있는 경우 주택 수에 기산되지 않습니다.

④ 상속주택 관련 규정 유의사항

앞서 살펴본 이러한 상속주택 및 상속주택의 소수지분 규정은 "1세대가 1주택을 양도하기 전 상속으로 인하여 2주택 이상을 보유하게 되는 경우"에 한하여 적용되는 것을 전제조건으로 합니다. 즉, 동일세대를 구성하고 있던 피상속인의 사망으로 상속인이 배우자 소유 주택을 취득하게 되는 경우, 이러한 상속주택 또는 상속주택의 소수지분 특례규정 적용대상에 해당하지 않습니다. 이에 따라, 만일 동일세대를 구성하고 있던 부모로부터 부모가 보유하고 있던 주택의 일부 지분을 자녀가 상속받는 경우, 그러한 상속주택의 소수지분은 앞서 살펴본 상속주택의 소수지분 특례규정의 적용대상이 아니므로 추후 자녀의 양도소득세 계산 시 주택수에 포함이 됩니다.

결국, 피상속인이 생전에 보유하고 있던 재산을 상속인 간 분할함에 있어 이러한 상속주택의 특례규정과 예외 사항, 그리고 각 상속인별 보유하고 있는 주택현황과 향후 처분계획 등을 종합적으로 고려하여 상속주택에 대한 재산분할협의를 진행하는 것이 보다 바람직합니다.

서면-2021-법규재산-0843, 2023.9.8.

상속개시 당시 동일세대원이던 피상속인으로부터 상속받은 공동상속주택의 소수지분을 보유한 1세대가 일반주택을 양도하는 경우로서, 당해 공동상속주택이 「소득세법 시행령」 제155조 제2항 각 호 외의 단서에 해당하지 않을 경우, 「소득세법 시행령」 제155조 제3항에 따른 특례가 적용되지 아니함.

2 주식

(1) 상장법인 주식: 상장법인 주식의 경우 평가의 자의성이 크지 않아

> **⊙ KEY POINT**
>
> **상장법인 주식:** 상속재산 중 상장주식이 있는 경우 평가기준일 전·후 각 2개월 동안 공표된 거래소의 최종 시세가액의 평균액을 시가로 보게 됩니다. 따라서, 피상속인의 재산에 상장주식이 있는 경우, 평가에 있어 자의성이 개입될 여지가 크지 않습니다.

① 주권상장법인 주식에 대한 상증세법 평가

상속재산은 상증세법에서 규정한 각 상속재산별 평가방법에 따라 이루어지게 되며, 현행 상증세법은 기본적으로 재산의 평가에 있어서 다음의 각 순서에 따른 평가방법을 순차적으로 정하도록 규정하고 있습니다. 먼저, 상증세법에서 규정하는 시가를 따르되, 해당 가액이 없는 경우 상증세법에서 규정하는 보충적 평가방법에 따라 평가를 하게 됩니다.

시가란 불특정 다수인 사이에 자유로이 거래가 이루어지는 경우에 통상 성립된다고 인정되는 가액을 뜻하는데, 자본시장법에 따른 증권시장으로서 대통령령으로 정하는 증권시장에서 거래되는 주권상장법인의 주식의 경우 "평가기준일(평가기준일이 공휴일 등 대통령령으로

상증세법 제60조
【평가의 원칙 등】

정하는 매매가 없는 날인 경우에는 그 전일을 기준으로 한다) 이전·
이후 각 2개월 동안 공표된 매일의 거래소 최종 시세가액(거래실적
유무를 따지지 아니한다)의 평균액"을 시가로 보도록 규정하고 있습
니다. 거래소의 가격은 개개인이 시장참여를 하더라도 인위적인 시세
조종이 현실적으로 불가능하기 때문에 피상속인의 재산에 상장주식이
있는 경우 그러한 평가가액에 자의성이 개입될 여지는 크지 않습니다.

　참고로, 대통령령으로 정하는 증권시장이란, 유가증권시장(코스피)
과 코스닥시장(코스닥)을 의미하며, 코넥스, K-OTC 등의 장외시장
은 그 대상에 포함되지 않습니다. 따라서, 원칙적으로 코넥스상장주
식에 대해서는 거래일 전·후 2개월 종가평균을 상증세법에 따른 시가
로 보지 않으며, 불특정 다수간 거래된 가액이 있는 경우 해당 가액
을 시가로 보게 됩니다.

(2) 비상장법인 주식: 비상장주식의 평가방법을 적극적으로 활용해야

KEY POINT

비상장법인 주식: 비상장법인의 경우 상증세법 규정에 따라 1주당 순손익가치와 순자산가치를 가중평균한 가액을 평가액으로 보게 됩니다. 다만, 부동산과다보유법인 등 각 법인의 자산구성, 비율에 따라 그 평가방법이 달라질 수 있으므로 상속을 준비하는 입장에서 추후 상속이 개시될 경우 비상장법인의 주식평가가 어떤식으로 진행될지, 그리고 그 과정에서 세제상 불이익을 당하지 않도록 이해당사자들이 준비해야 할 사항은 무엇인지 살펴볼 필요성이 있습니다.

① 비상장법인 주식에 대한 상증세법 평가

가 상증세법에 따른 비상장주 평가의 원칙

상장주식과 마찬가지로 현행 상증세법은 기본적으로 재산의 평가에 있어서 다음의 각 순서에 따른 평가방법을 순차적으로 정하도록 규정하고 있기에 비상장주식 또한 상증세법에서 규정하는 시가를 따르되, 해당 가액이 없는 경우 보충적 평가방법에 따른 가액을 상증세법에 따른 평가액으로 보게 됩니다.

상속세 및 증여세법 제60조
【평가의 원칙 등】

상증세법에 따른 비상장주식 평가방법	
1순위: 시가	평가기준일(상속개시일 전후 6개월) 내 다음의 가액 - 매매사례가액, 수용·경매·공매가액
2순위: 보충적 평가	시가가 없는 경우, 보충적 평가방법 적용 - 1주당 순자산가치와 1주당 순손익가치 가중평균(2:3) - 부동산과다보유법인의 경우 2:3이 아닌 3:2로 가중평균 - 가중평균 값이 1주당 순자산가치의 80%보다 낮은 경우, 1주당 순자산가치의 80%를 평가액으로 봄

이 때, 시가란 시가는 불특정 다수인 사이에 자유로이 거래가 이루어지는 경우에 통상 성립된다고 인정되는 가액을 말하는 것으로서, 상속개시일 전후 6월 이내의 기간 중 매매·수용·경매 또는 공매가 있는 경우에는 그 확인되는 가액을 포함합니다. 다만, 비상장주식을 특수관계인이 아닌 자와 소액의 거래를 통해 매매사례가액을 만든 후 대주주 등이 상속 또는 증여하면서 시가로 인정받는 것을 방지하기 위하여 거래된 비상장주식의 가액이 법에서 규정하는 규모 미만인 경우 해당 거래가액은 특수관계가 없는 제3자 간 거래라고 하더라도 시가로 보지 않습니다.

상증세법 시행령 제49조
【평가의 원칙등】
제1항 제1호 나목
다음의 금액 중 적은 금액 미만인 경우
1) 액면가액의 합계액으로 계산한 해당 법인의 발행주식총액 또는 출자총액의 100분의 1에 해당하는 금액
2) 3억 원

📍 나 비상장법인 주식 시가의 인정 범위

상증세법은 시가를 불특정 다수인 사이에 거래가 이루어지는 경우 그 가액을 뜻한다고 규정하고 있으므로 법에서 규정하는 시가가 어디까지를 포함하는지가 쟁점이 될 수 있습니다. 현행 법령에서는 이러한 시가 인정의 범위를 구체적으로 열거하고 있지 않기 때문에, 실제 사례들을 통해 매매사례가액으로 인정되는 비상장주식의 범위를 추정할 수밖에 없는데, 비상장주식의 시가 인정 여부에 있어 조세심판원 및 법원이 판단한 사례들을 살펴보면 다음과 같습니다.

매매사례가액을 시가로 본 사례	매매사례가액을 시가로 보지 않은 사례
[평가심의위원회의 심의를 거친 가액] 평가기간에 해당하지 아니하는 기간으로서 평가기준일 전 2년 이내의 기간 중 매매가액이 있는 경우 평가심의위원회의 심의를 거쳐 해당 매매가액을 시가로 볼 수 있는 것(사전-2017-법령해석재산-0758, 2019.5.1.)	**[정상적인 교환가치를 반영하지 못한 거래]** 비록 거래 실례가 있다고 하여도 그 거래가액을 상속재산의 객관적 교환가치를 적정하게 반영하는 정상적인 거래로 인하여 형성된 가격이라고 할 수 없는 경우에는 시가를 산정하기 어려운 것(대법원 2007.8.23. 선고, 2005두5574 판결)
[다수참여 거래] 주식 거래에 참여한 자가 13명에 이르는 점, 거래자들 사이는 특수한 관계가 있다는 등 주식거래 가액이 객관적으로 부당하다고 인정할 만한 사정을 입증할 증거가 없는 점 등으로 보아 주식 매매사례가액 시가 인정(대법원 2011.12.27. 선고 2011두21539 판결)	**[유상증자 주금납입액]** 유상증자시 1주당 주금납입액은 거래가액이 아니므로 시가에 해당되지 아니함(조심 2019중2733, 2019.11.21., 서면-2017-상속증여-0271, 2017.2.23.)
	[제한된 조건에 따른 거래] 사업과 관련한 특수한 사정에 따라 이루어진 가액으로서 특수관계자와의 거래가 아니더라도 그 거래가액이 객관적으로 부당하다고 인정되면 이를 시가로 볼 수 없는 것(대법원 2011.5.26. 선고 2011두4756 판결)

비상장법인 주식에 대한 보충적 평가방법

비상장법인 주식에 대한 시가를 산정하기 어려운 경우 상증세법은 법에서 규정한 보충적 평가방법에 따라 비상장법인 주식을 평가하도록 규정하고 있습니다. 이에 따라, 상증세법에서 규정하고 있지 않은 평가방법(예컨데 현금흐름할인법(DCF법), 수익력환원방식 등)은 일반적으로 상증세법에 따른 적절한 평가액(시가)으로 인정받지 못합니다.

현행 상증세법은 1주당 순손익가치과 순자산가치를 각각 3과 2의 비율로 가중평균하는 방법으로 비상장법인 주식의 보충적 평가방법을 규정하고 있습니다. 다만, 자산의 가치가 더 크게 반영되는 것이 목적적합한 부동산과다보유법인의 경우, 1주당 순손익가치과 순자산가치를 각각 2와 3의 비율로 가중평균하도록 규정하고 있습니다. 또한, 이러한 가중평균 가액이 1주당 순자산가치의 80% 보다 낮은 경우, 1주당 순자산가치에 80%를 곱한 금액을 비상장법인의 주식 평가액으로 보도록 규정하고 있습니다.

상증세법 시행령 제54조
【비상장주식등의 평가】

소득세법 제94조
【양도소득의 범위】
제1항 제4호 다목
부동산과다보유법인이란 해당 법인의 자산총액(장부가액) 중 부동산 및 부동산권리가 차지하는 비율이 50% 이상인 법인을 뜻함

상증세법에 따른 비상장주식 평가방법(보충적 평가방법)		
일반법인 (원칙)	1주당 평가액 =	$\dfrac{\text{1주당 순손익가치} \times 3 + \text{1주당 순자산가치} \times 2}{5}$
부동산과다 보유법인	1주당 평가액 =	$\dfrac{\text{1주당 순손익가치} \times 2 + \text{1주당 순자산가치} \times 3}{5}$

단, 1주당 순손익가치와 순자산가치 가중평균액이 1주당 순자산가치에 80%를 곱한 값보다 낮은 경우, 1주당 순자산가치에 80%를 곱한 값을 비상장주식 평가액으로 봄

• 1주당 순손익가치

1주당 순손익가치는 비상장주식 법인이 사업을 영위하면서 향후 발생할 가능성이 높은 현금흐름, 수익의 가치를 수치화하여 표현합니다. 다만, 이러한 미래의 수익력을 예측함에 있어 평가자의 주관이 개입할 수 있기에, 상증세법은 1주당 순손익가치를 평가기준일 이전 최근 3년간의 확정된 순손익액을 기준으로 평가하며 여기서 표현하는 순손익액은 회계상 당기순이익이 아닌, 법인세법 규정에 따른 세무조정을 차가감한 각 사업연도 소득금액에서 시작합니다.

재산세과-182, 2011.4.7.
「상속세 및 증여세법 시행령」 제54조의 규정에 의하여 비상장주식을 평가하는 경우 "최근 3년간의 순손익액"은 「법인세법」 제14조의 규정에 의한 각 사업연도소득에 「상속세 및 증여세법 시행령」 제56조 제3항 제1호의 금액을 가산한 금액에서 동항 제2호의 금액을 차감한 금액에 의하는 것이며, 이 경우 「법인세법」 제14조의 규정에 의한 각 사업연도소득은 그 사업연도에 속하는 익금의 총액에서 그 사업연도에 속하는 손금의 총액을 공제한 금액으로 하는 것임.

$$1주당\ 순손익가치 = \frac{1주당\ 최근\ 3년\ 간의\ 순손익액의\ 가중평균액\ 또는}{순손익가치\ 환원율(기획재정부령에\ 규정,\ 10\%)}\ \frac{신용평가전문기관\ 등의\ 1주당\ 추정이익의\ 평균가액}{}$$

- **1주당 순자산가치**

상증세법 시행규칙 제17조의2
【순자산가액의 계산방법】

순자산가치는 본질적으로 평가기준일 현재 비상장법인이 보유하고 있는 자산가액이 얼마인지를 파악하는 기준치로서, 평가대상 비상장법인의 순자산가액은 평가기준일 현재의 발행주식총수로 나누어 1주당 순자산가치를 구하게 되며, 여기서 순자산가액이란 법인의 자산총액에서 부채총액을 차감한 금액을 의미합니다.

$$1주당\ 순자산가치 = \frac{평가기준일\ 현재\ 순자산가액}{평가기준일\ 현재\ 발행주식총수\ 등}$$

※ 순자산가액 = 자산총액 − 부채총액 + 영업권평가액

② 비상장법인을 활용 방안

현행 상증세법은 비상장법인의 주식가치 평가에 있어 순자산가액과 순손익가치를 가중평균하는 방안을 제시하고 있습니다. 이에 따라, 상속을 준비하고 있는 피상속인 또는 상속인들로서는 피상속인이 보유하고 있는 비상장법인의 사업유형, 종류 등에 따라 현행 법령 규정을 활용하는 방안을 상정할 수 있습니다.

가 부동산과다보유법인 평가규정 활용

상증세법은 부동산과다보유법인(법인의 자산총액 중 부동산 및 부동산권리가 차지하는 비율이 50% 이상인 법인)에 해당하는 경우, 기

존 1주당 순손익가치와 순자산가치의 가중평균을 각각 2:3으로 평가하도록 규정하고 있습니다. 이에 따라, 순자산가치의 평가가치가 더 커지게 되므로, 자산가치에 비해 수익이 많이 발생하지 않는 법인이라면 비상장법인 주식의 평가가액이 올라가는 상황이 발생할 수 있습니다.

따라서, 상속을 준비하는 입장에서 만일 보유하고 있는 비상장법인의 보유자산가치가 매년 발생하는 순손익대비 높은 상황이라면, 순손익가치를 통해 이를 희석할 수 있도록 보유하고 있는 부동산의 일부 처분하거나, 자금 차입을 통해 보유 자산 구성내역 중 부동산 비율을 낮추는 등의 방법을 통해 부동산과다보유법인으로부터 탈피하는 방안을 검토할 필요성이 있습니다.

🔵 나 1주당 순자산가치의 80% 평가규정 활용

상증세법 시행령 제54조
【비상장주식등의 평가】

상증세법은 비상장법인의 주식 평가 시 1주당 순자산가치와 순손익가치의 가중평균가액이 1주당 순자산가치의 80%에 미달하는 경우, 1주당 순자산가치의 80%를 해당 비상장법인 주식의 평가액으로 활용하도록 규정하고 있습니다. 이러한 규정은 1주당 순손익가치가 순자산가치에 비해 현저하게 낮게 형성되어 가중평균의 가치가 희석되는 한도를 제한한 것으로 비상장법인이 보유하고 있는 순자산가치를 최소한 80%만큼은 인식해야 한다는 취지를 담고 있는 것입니다. 이를 반대로 말하면, 1주당 순손익가치를 통해 해당 비상장법인의 주식가치를 순자산가치의 80%에 이르기까지 희석할 수 있다는 의미로 볼 수 있습니다.

이에 따라, 만일 비상장법인이 보유하고 있는 자산의 장부가액이 시가에 비해 현저하게 높게 인식되어 있다면, 그러한 자산을 조기에 처분함으로써 자산의 순자산가치를 낮추고 처분손실을 인식함으로써 순손익가치 또한 낮게 평가되어 결론적으로 해당 비상장법인 주식 평가액이 왜곡되어 높게 평가되는 상황을 예방할 수 있습니다.

1주당 순자산가치로만 평가되는 예외 규정 활용

상증세법에서 규정하고 있는 비상장법인 주식의 평가방법인 1주당 순자산가치와 순손익가치를 가중평균하는 평가가액은 일반적으로 사업을 영위하는 법인에게는 목적적합할 수 있으나, 지속적으로 결손이 발생하거나 설립된 지 3년이 안된 법인 등 특정한 법인에게는 위와 같은 평가법을 적용하는 것이 해당 법인의 상황을 정확히 반영하지 못할 수 있습니다. 이에 따라, 상증세법은 앞서 설명드린 가중평균에 의한 보충적 평가방법 규정에도 불구하고, 법에서 정한 예외 사유에 해당하는 법인의 경우 1주당 순자산가치를 해당 법인의 1주당 평가액으로 보도록 규정하고 있습니다.

조심 2009부2063, 2009.9.3.
"사업의 계속이 곤란한 경우"란 폐업할 것이 확실하다고 인지할 수 있는 상태를 말하는 것

재산세과-395, 2009.10.7.
「상속세 및 증여세법 시행령」 제54조 제4항 제2호의 규정에 의하여 순자산가치로만 평가하는 "사업개시후 3년 미만의 법인"은 당해 법인의 사업개시일부터 평가기준일까지 역에 의하여 계산한 기간이 3년 미만인 법인을 말하는 것이며, 이 경우 사업개시일은 당해 법인이 처음으로 재화 또는 용역의 공급을 개시한 때를 말하는 것

순자산가치로만 평가하는 법인(상증세법 시행령 제54조 제4항)	
청산, 휴·폐업 법인	청산절차가 진행 중이거나 사업자의 사망으로 사업의 계속이 곤란하다고 인정되는 법인 - "사업의 계속이 곤란한 경우"란 폐업할 것이 확실하다고 인지할 수 있는 상태를 의미함
3년 미만 법인	사업개시 전의 법인, 사업개시 후 3년 미만의 법인 또는 휴업·폐업 중인 법인의 주식 - "사업개시 후 3년 미만" 판단 시 해당 법인의 사업개시일부터 평가기준일까지 역에 의하여 계산한 기간이 3년 미만인 것을 의미함
부동산과다 보유법인	법인의 자산총액 중 부동산비율이 100분의 80 이상인 법인의 주식 업종 불문 부동산비율이 80%를 초과하는 법인 모두 적용됨
주식과다보유 법인	법인의 자산총액 중 주식비율이 100분의 80 이상인 법인의 주식 업종 불문 주식비율이 80%를 초과하는 법인 모두 적용됨
폐업예정법인	법인의 설립 시 정관에 존속기한이 확정된 법인으로서 평가기준일 현재 잔여 존속기한이 3년 이내인 법인의 주식

이에 따라, 만일 필요치 않게 부동산을 과다보유하거나 주식을 과다보유한 비상장법인이 있을 경우, 순손익가치를 통해 희석되는 효과가 사전에 제한되므로 위 규정을 염두해 두고 자산총액 대비 보유 자산의 구성이나 그 비율을 관리하는 것이 중요합니다.

3 보험금 등 기타재산

(1) 간주상속재산: 각종 보험, 신탁상품을 통한 편법증여 실효성이 있을까?

KEY POINT

보험금: 일부 미디어에서 자녀가 보험계약을 체결한다면 보험계약의 보험금 청구권은 자녀에게 있기 때문에 상속세를 절세할 수 있다고 홍보하는 경우가 있습니다. 그러나, 세법에서 중요한 것은 경제적 실질이고 보험가입자가 자녀라고 하더라도 실질적으로 보험료 납부의 주체가 부모인 경우, 그러한 보험금은 상속재산으로 간주됩니다. 결국 세법은 실질과세라는 국세부과의 원칙에 따라 과세된다는 사실을 기억해야 합니다.

신탁재산: 보험금과 마찬가지로, 피상속인이 신탁계약을 체결한 후 사망할 경우 상속인은 신탁계약만을 승계할 뿐 위탁재산을 취득하지는 않지만, 세법은 실질과세의 원칙에 따라 피상속인이 신탁한 재산은 상속재산으로 간주하도록 규정하고 있습니다.

인터넷이나 여러 매체를 통해 상속세 절세라는 명목으로 보험가입을 권유하는 글들과 정보를 심심찮게 접하게 됩니다. 다만, 이러한 보험가입 권유에 따라 보험에 가입하였더라도 추후 상속세 세무조사 과정에서 상속재산으로 추징당하는 여러 가지 사례들이 존재하므로 보험상품의 가입이 진정 상속을 대비하고 상속세 절세에 도움이 되는지에 대해서 근본적으로 살펴볼 필요성이 있습니다.

① 보험금의 상속재산 간주

간주상속재산이란, 본래 민법상 상속재산이 아니나 상속세 계산 시 상속재산으로 간주하여 과세하는 재산을 의미합니다. 상증세법은 다음의 요건에 해당하는 경우 이를 간주상속재산으로 보아 상속인의 고유재산에 해당하는 보험금이라 할지라도 그 실질이 피상속인의 재산과 동등한 것으로 보아 상속재산의 범위에 포함시키고 있습니다.

상속재산으로 보는 보험금(상증세법 제8조) - 다음 두 조건을 모두 충족하는 보험금은 상속재산으로 간주	
(조건1)	피상속인의 사망을 보험금 지급사유로 하는 생명보험 또는 손해보험
(조건2)	피상속인이 보험계약자일 것 - 피상속인이 보험계약자가 아니더라도 실질적으로 보험료를 납부함

가 조건1: 피상속인의 사망을 보험금 지급사유로 하는 생명보험 또는 손해보험

상증세법은 간주상속재산에 해당하는 보험금의 요건으로 피상속인의 사망을 보험금 지급 원인으로 하며 해당 보험이 생명보험이나 손해보험일 것을 요구하고 있습니다. 이에 따라 생명보험이나 손해보험이 아닌 다른 상품(예를 들어, 유족연금이나 위자료 성격의 보상금 등)은 본 규정에서 정의하는 간주상속재산의 범위에 속하지 않습니다.

다만, 여기서 숙지해야 하는 사항은 피상속인이 다른 질병에 따라 수취하는 피상속인의 보험금은 애초에 피상속인의 고유재산이기 때문에 상속재산의 범위에 속한다는 점입니다. 예를 들어, 피상속인이 생전에 암보험에 가입 후 암발생에 따라 보험금청구권이 생성된 경우 실지로 보험금을 수령하기 전 사망하더라도 보험금청구권은 피상속인의 고유재산이므로 이는 상속재산의 범위에 속합니다.

재산세과-108, 2010.2.23.

공무원연금법 또는 사립학교교직원 연금법에 따라 지급되는 유족연금·유족연금부가금·유족연금일시금·유족일시금 또는 유족보상금 및 근로자의 업무상 사망으로 인하여 근로기준법 등을 준용하여 사업자가 당해 근로자의 유족에게 지급하는 유족보상금 또는 재해보상금과 기타 이와 유사한 것에 해당하는 경우에는 상속재산으로 보지 아니하는 것임.

🔵 나 조건2: 피상속인이 보험계약자일 것

상법 제638조의2
【보험계약의 성립】

보험계약은 보험계약자의 청약과 보험회사의 승낙으로 성립하게 되는데, 상법은 이러한 보험계약자의 성립을 위해서는 **보험계약자가 보험계약의 청약과 함께 보험료 상당액의 전부 또는 일부의 지급을 할 것**을 요구하고 있습니다. 즉 일반적으로 보험계약자는 보험료의 납부 의무자가 되므로, 현행 상증세법은 보험금의 간주상속재산 조건으로 피상속인이 보험계약자일 것을 규정하고 있습니다.

상증세법 시행령 제4조
【상속재산으로 보는 보험금】

다만 현행 상증세법은 피상속인이 보험계약자가 아니더라도, 피상속인이 실질적으로 보험료를 납부하였을 경우 피상속인이 보험계약자인 것으로 보아 해당 보험금을 상속재산으로 간주하고 있습니다. 이는 그 경제적 실질이 피상속인의 금융재산과 다를 바 없기 때문입니다. 만일 피상속인이 해당 보험상품의 보험료 중 일부를 납입하였을 경우, 현행 상증세법은 지급받은 보험금의 총 합계액에서 피상속인이 부담한 보험료의 금액만큼의 비율을 상속재산으로 간주하고 있습니다.

② 보험금 종류에 따른 상속재산 여부 판단

피상속인이 가입한 보험상품으로 인해 피상속인에게 경제적 효익을 가져다주었다면 이는 당연히 피상속인의 고유재산으로서 상속재산을 구성하고, 피상속인이 가입하지 않았더라도 그 보험료의 재원이 피상속인으로부터 나왔다면 이는 상속인의 고유재산이나 상속세 계산시에는 그 경제적 실질에 따라 피상속인의 상속재산을 구성하게 됩니다.

대법원 2003다29463, 2004.7.9.

상해의 결과로 사망한 때에 사망보험금이 지급되는 상해보험에 있어서 보험수익자인 상속인의 보험금 청구권은 상속재산이 아니라 상속인의 고유재산으로 보아야 한다.

이는 기본적으로 보험계약의 효과에 따라 **피보험자의 사망 시 사망 보험금의 청구권은 상속인의 고유재산**이라는 대법원의 판단과는 다르게 취급되는 것이나, 실질과세의 원칙에 따라 상속재산으로 간주한다는 점에서 법률에 위배되지 않는다고 보는 것이 현행 법원의 입장입니다. 따라서, 시중에 있는 대다수의 보험상품이 그 상품의 외관상 효과만을 강조하지만, 결국 세법의 영역에서 중요하게 살피는 것은 경제적 실질이고, 그 경제적 실질 측면에서 피상속인이 부담한 부분은 상속인의 고유재산 여부를 막론하고 상속재산으로 간주되어 상속세가 과세된다는 사실을 인지하고 있어야 합니다.

헌법재판소 2009헌바137, 2009.11.26.

피상속인이 실질적으로 보험료를 지불하고 그의 사망을 원인으로 일시에 무상으로 수취하는 생명보험금은 유족의 생활보장을 목적으로 피상속인의 소득능력을 보충하는 금융자산으로서의 성격도 지니고 있는 등 그 경제적 실질에 있어서는 민법상의 상속재산과 다를 바 없다.

[보험금 종류에 따른 상속재산 과세 여부]

보험계약자	피보험자	수익자	상증세법상 상속재산 여부	비고
父	父	父	○	피상속인의 고유재산
父	父	子	○	상속인의 고유재산이나 상속재산 간주 ○ (보험료 납입주체: 父)
子	父	子	×	상속인의 고유재산이나 상속재산 간주 × (보험료 납입주체: 子)
子 (父일부)	父	子	○	상속인의 고유재산이나 상속재산 간주 ○ (父가 납부한 보험료 비례하여 상속재산 간주)
子	父	父	○	피상속인의 고유재산

③ 신탁재산의 상속재산 간주

신탁이란 위탁자와 수탁자 간 신임관계에 기하여 위탁자가 특정한 재산권을 수탁자에게 이전하거나 처분하고 수탁자로 하여금 수익자의 이익을 위하여 재산을 관리, 처분하는 법률관계를 의미합니다. 따라서, 신탁계약의 체결에 따라 신탁재산의 소유권은 위탁자에게 이전되고 만일 위탁자인 피상속인이 사망할 경우 그러한 위탁자의 지위는 상속인에게 상속되나 신탁재산의 소유권은 위탁자에게 있기에 신탁재산은 원칙적으로 민법상 상속재산의 범위에 속하지 않습니다.

이러한 외관상 형식을 이유로 일부 미디어에서 신탁상품을 활용한 절세 내용을 홍보하곤 하는데, 세법에서 중요한 것은 경제적 실질입니다. 상증세법은 피상속인이 신탁한 재산은 상증세법상 상속재산으로 보도록 간주하고 있으며, 피상속인이 타인으로부터 신탁의 이익을 받을 권리(수익권)를 보유하고 있던 경우에도 이를 상속재산으로 간주하도록 규정하고 있습니다. 결국, 보험금과 마찬가지로 세법은 실질과세라는 국세부과 원칙에 의거하여 과세대상을 규정하며 이는 상속세에도 동일하게 적용됨을 기억해야 합니다.

상증세법 제9조
【상속재산으로 보는 신탁재산】

국세기본법 제14조
【실질과세】
과세의 대상이 되는 소득, 수익, 재산, 행위 또는 거래의 귀속이 명의(名義)일 뿐이고 사실상 귀속되는 자가 따로 있을 때에는 사실상 귀속되는 자를 납세의무자로 하여 세법을 적용한다.

(2) 추정상속재산: 사망 전 피상속인의 계좌에서 현금인출하는 행위를 주의하라

KEY POINT

추정상속재산: 추정상속재산은 과세관청의 과세권 확보를 위해 법에서 규정하는 기간(2년 내) 내에 일정규모(5억 원 이상)의 재산을 처분하거나 인출하는 경우 용도를 입증하지 못한 가액을 상속재산으로 과세하는 규정을 의미합니다. 따라서, 사망 전 피상속인의 계좌에서 현금을 인출하여 상속재산에 포함하지 않으려고 하더라도 본 추정 규정에 따라 상속인에게 그러한 인출금에 대한 입증책임이 있음을 기억해야 합니다.

피상속인의 사망으로 인해 상속이 개시되기 전 피상속인의 계좌에서 현금을 인출하거나, 재산을 처분하면서 처분대금을 현금으로 받는 경우 외관상 상속재산이 감소하는 효과를 가져옵니다. 다만 과세당국 입장에서 이러한 납세자의 세부담 회피를 방지하기 위해 모든 거래를 추적하며 세원을 확보하는 것은 현실적으로 쉽지 않습니다. 이에, 상증세법은 피상속인의 사망 전 특정한 행위 등을 한 경우, 상속인에게 용도를 소명하고 소명하지 못한 부분은 상속재산으로 추정하도록 규정하고 있습니다.

① 처분재산, 채무부담의 상속추정

상증세법 제15조
【상속개시일 전 처분재산 등의 상속추정 등】

상증세법은 상속개시 전 일정기한(1년, 2년 내) (1) 피상속인이 현금을 인출하거나, (2) 재산을 처분하여 외관상 상속재산이 감소하는 경우 및 (3) 피상속인이 채무를 부담하여 외관상 상속채무가 증가한 경우, 그 용도의 입증을 상속인에게 부담하도록 하고, 용도가 객관적으로 명백하지 못한 금액은 이를 상속인이 상속받은 것으로 추정하여 상속세 과세가액에 산입하도록 규정하고 있습니다.

상증세법 기본통칙 15-11…1
【상속받은 재산으로 추정하는 처분재산 등의 가액 계산】

[추정상속재산 과세 요건]

구분	피상속인 행위	과세기준	비고
현금 증가 (상속재산 감소)	재산 처분	재산 종류별(현금, 부동산, 기타재산) - 사망 전 1년 이내 2억 원 이상 처분/인출 - 사망 전 2년 이내 5억 원 이상 처분/인출	처분 후 수취한 가액 기준
	현금 인출		전체 금융계좌 기준
현금 증가 (상속채무 증가)	채무 부담	- 사망 전 1년 이내 2억 원 이상 채무 부담 - 사망 전 2년 이내 5억 원 이상 채무 부담	차입처 불문
		변제의무 없을 것으로 추정되는 경우	사인 간 채무 (국가, 금융기관 제외)

구체적으로, 재산 처분/현금 인출의 행위는 (1) 현금·예금 및 유가증권, (2) 부동산 및 부동산에 관한 권리, (3) 그 밖의 재산으로 나누어 재산 종류별로 과세기준을 초과하는 경우, 상속인에게 그 용도에 대한 입증책임을 부여하고 있습니다.

상증세법 제15조
【상속개시일 전 처분재산 등의 상속추정 등】

채무 부담 행위의 경우 (1) 차입처를 불문하고 과세기준을 초과하는 채무부담에 대해서 용도에 대한 입증책임을 부여하고 있으며, 그 외에 (2) 피상속인이 부담한다고 주장한 채무 중 국가, 금융기관을 제외한 사인 간 채무로서 상속인에게 그러한 채무가 승계된다고 볼 수 없는 경우, 즉 피상속인의 채무부담행위 그 자체의 진실성이 의심되는 경우로서 다음과 같이 법령에서 규정하는 사유에 해당한다면 이를 피상속인의 채무가 아닌 것으로 보도록 규정하고 있습니다.

따라서, 피상속인이 사인 간 채무에 대해서 상속채무로 인정을 받고자 한다면, 법에서 규정하는 문서 또는 그 외에 증빙서류 등을 통해서 채무에 대한 실질을 객관적으로 입증하여야 상속채무가 추정상속재산으로 다시 과세되는 등의 불이익이 없을 것입니다. 또한, 현금

인출 등으로 인해 상속인의 금융재산이 감소하는 경우 상속재산의 추정으로 총 상속재산에는 변동이 없으나, 금융재산상속공제 금액의 감소로 인해 오히려 상속세가 증가하는 반작용을 불러올 수 있으므로 피상속인의 사망 전 현금인출에는 각별히 유의해야 합니다.

[상속인이 변제할 의무가 없는 것으로 추정되는 경우]

상속인이 변제할 의무가 없는 것으로 추정되는 경우 (상증세법 시행령 제11조 제2항)
③ 법 제15조 제2항에서 "대통령령으로 정하는 바에 따라 상속인이 변제할 의무가 없는 것으로 추정되는 경우"란 제10조 제1항 제2호에 규정된 서류 등에 의하여 상속인이 실제로 부담하는 사실이 확인되지 아니하는 경우를 말한다.
채무의 입증방법 (상증세법 시행령 제10조 제1항)
① 법 제14조 제4항에서 "대통령령으로 정하는 방법에 따라 증명된 것"이란 상속 개시 당시 피상속인의 채무로서 상속인이 실제로 부담하는 사실이 다음 각 호의 어느 하나에 따라 증명되는 것을 말한다. 1. 국가·지방자치단체 및 금융회사등에 대한 채무는 해당 기관에 대한 채무임을 확인할 수 있는 서류 2. 제1호 외의 자에 대한 채무는 채무부담계약서, 채권자확인서, 담보설정 및 이자지급에 관한 증빙 등에 의하여 그 사실을 확인할 수 있는 서류

② 추정규정에 대한 입증책임

원칙적으로 과세에 대한 입증책임은 과세관청에 있으나 법 소정의 요건에 따라 상속재산으로 추정된 경우, 과세관청은 입증책임이 완화됩니다. 일반적으로 추정규정은 A → B로 추정한다는 형식으로 되어 있는데, 과세관청은 납세자가 A라는 사실만 입증하면 되기 때문입니다. 반대로 납세자는 B가 아니라는 사실을 입증해야 하므로 실질적으로 추정규정에 대한 입증책임은 납세자에게 전환된다고 볼 수 있습니다. 또한, 이러한 추정규정 대상이 되는 재산처분/현금인출의 경우

상증세법 집행기준 15-11-5
【용도가 객관적으로 명백하지 아
니한 사례】

현금을 상속받았다고 신고한 사실만으로 재산처분대금의 용도가 객관적으로 명백하다고 볼 수 없다는 것이 과세관청의 입장이므로, 피상속인의 모든 경제행위를 추적할 수 없는 상속인의 입장에서 이러한 추정규정으로 의제되는 상황이 발생하는 것에 주의해야 합니다.

③ 상속추정의 배제

상증세법 시행령 제10조
【채무의 입증방법등】

피상속인과 상속인은 법에서 규정하는 직계존비속 등의 관계이긴 하나, 독립된 경제주체이기에 피상속인의 모든 경제활동에 대해서 상속인들이 이를 파악하고 있기는 현실적으로 불가능합니다. 이에 따라, 상증세법은 입증하지 못한 금액이 법 소정의 금액에 미달하는 경우 용도 불분명 가액으로 추정하지 않고, 입증하지 못한 금액이 법 소정의 금액 이상인 경우 법 소정의 금액을 차감한 금액을 용도 불분명 가액으로 보도록 규정하고 있습니다.

상증세법 집행기준 15-11-6
【추정상속재산가액의 계산 및 상속
추정배제 기준】

[추정상속 재산가액 계산 및 상속추정배제 기준]

구분	재산처분액·채무부담액
추정상속 재산가액	용도불분명한 금액 − Min(① 처분재산가액·인출금액·채무부담액×20%, ② 2억 원)
상속추정의 배제	용도불분명한 금액 〈 Min(① 처분재산가액·인출금액·채무부담액×20%, ② 2억 원)

(3) 사전증여재산: 각 상속인 별 상황에 맞추어 의사결정이 이루어져야

KEY POINT

사전증여재산: 상속을 대비하기 위하여 피상속인이 생전에 상속인 등에게 재산을 증여함에 따라 상속세 세부담이 경감되는 것을 방지하기 위하여, 상증세법은 법 소정의 기한 내에 피상속인이 증여한 재산가액은 상속재산 가액에 합산하도록 규정하고 있습니다.

상속을 준비하는 입장에서는 사전증여 여부에 따른 유불리 검토 시, 사전 증여재산에 대한 세부담 외에 상속재산에 합산될 경우 발생할 수 있는 단점 (배우자 상속공제 감소 등)을 두루 살펴 사전증여 여부에 대한 의사결정을 하는 것이 바람직합니다.

① 상속개시 전 증여재산의 가산

상속세는 누진세율 구조를 갖고 있으며, 증여세와는 구분되는 세목 입니다. 따라서 피상속인 입장에서는 상속세 부담 경감을 위해 사전 에 피상속인의 소유 재산을 상속인 등에게 증여하여 상속세를 줄이려 는 유인이 상시 존재하기 마련입니다.

이에 상증세법은 피상속인의 사망 전 법 소정의 기한 내에 상속인 /상속인 외의 자에게 증여를 한 경우, 그러한 증여의 실질이 상속재 산과 동일하다고 보아 상속재산에 합산하는 증여재산의 가산 내용 을 규정하고 있습니다. 다만 상속재산에만 가산하는 것은 이중과세에 해당하므로 이를 해소하기 위해 상속재산에 가산한 증여재산에 상당 하는 대한 증여세액은 상속세 산출세액에서 공제하도록 규정하고 있 습니다.

헌법재판소 2005헌가4, 2006.7.27.

피상속인이 생전에 증여한 재산의 가액을 가능한 한 상속세 과세가 액에 포함시킴으로써 조세부담에 있어서의 상속세와 증여세의 형평 을 유지함과 아울러 피상속인이 사망을 예상할 수 있는 단계에서 장차 상속세의 과세대상이 될 재 산을 상속개시 전에 상속인 이외 의 자에게 상속과 다름없는 증여 의 형태로 분할, 이전하여 고율인 누진세율에 의한 상속세 부담을 회피하려는 부당한 상속세 회피행 위를 방지하고 조세부담의 공평을 도모하기 위한 것

[사전증여재산의 가산 대상]

피상속인	증여를 받은 자	사전증여재산 가액
거주자	상속인	상속개시일 전 10년 이내 증여한 국내·외 재산가액
	상속인 외의 자	상속개시일 전 5년 이내 증여한 국내·외 재산가액
비거주자	상속인	상속개시일 전 10년 이내 증여한 국내소재 재산가액
	상속인 외의 자	상속개시일 전 5년 이내 증여한 국내소재 재산가액

② 사전증여의 유불리

사전증여 여부에 대한 의사결정 시 증여재산만큼 상속재산에 가산하고, 증여세 산출세액만큼 상속세 산출세액에서 차감하기 때문에 세부담에 있어 큰 차이가 없는 것으로 보일 수 있습니다. 그러나 사전증여를 통해 보유 예금등에 대한 증여가 이루어질 경우 금융재산 상속공제가액이 감소하는 등 사전증여를 하지 않는 것이 오히려 더 세제 측면에서 유리한 효과를 가져올 수 있습니다.

다만 사전증여를 할 경우, 상속재산에 합산하는 사전증여재산에 대한 평가 시 상속개시 시점이 아닌 증여시점 평가액이 평가가액이 되므로 해당 재산에 대한 가액을 확정시킬 수 있다는 장점이 있고, 향후 증여재산의 가치가 상승할 경우 실질적으로 상속세부담이 감소하는 효과가 존재합니다. 또한 상속인 간 상속재산 분할 과정에서 발생할 수 있는 여러 다툼으로부터 미리 일차적으로 재산귀속을 정함으로서 분쟁의 여지를 다소 줄일 수 있다는 장점이 존재합니다.

결국 사전증여 이행 여부에 대한 유불리는 피상속인의 경제적 상황과 재산의 규모, 상속인들 간 원활한 협의의 가능성 등을 두루 고려하여 판단해야 하는 문제이므로, 이에 대한 구체적인 상황과 내용은 각 상속 사례별로 달라질 수 있으므로 여러 가지 사안들을 두루 검토할 필요성이 있습니다.

[사전증여의 장·단점]

사전증여 장점	사전증여 단점
사전증여재산의 가치가 향후 증가할 경우, 실질적으로 상속재산이 감소하는 효과 있음	사전증여재산의 가치가 향후 감소할 경우, 실질적으로 상속재산이 증가하는 효과 있음
상속인 간 상속재산의 귀속을 마무리하여 추후 분쟁을 일정부분 예방할 수 있음	금융재산(예금, 보험금, 주식 등)을 사전증여할 경우, 금융재산상속공제 금액이 감소
	배우자에 대한 사전증여 시 배우자상속공제 금액이 감소함

4 상속채무·상속공제

(1) 상속채무: 금융거래내역 분석을 통해 최대한 파악해서 상속 채무에 산입해야

⊙ KEY POINT

상속채무: 상속세 과세가액은 상속재산에서 공과금·장례비·채무를 차감하여 산출하므로 상속세를 줄이기 위해서는 상속개시일 기준 피상속인의 채무를 온전히 파악하여 반영하는 것이 중요합니다.

국가·지방자치단체 및 금융기관에 대한 채무는 금융거래확인서 혹은 금융기관이 발급하는 대출증명서류 등을 통해 확인이 가능하나, 금융기관 외에 사인간 채무는 관련계약서, 이자지급 증빙 등 채권채무관계를 확인할 수 있는 서류를 증빙으로 요청하고 있으므로 서류를 충분히 보관하고 작성할 필요성이 있습니다.

① 공과금

상속세 과세가액은 상속재산의 가액에서 공과금·장례비·채무를 차감한 후 사전증여재산을 가산한 금액으로 합니다. 이때, 공과금이란 상속개시일 현재 피상속인이 납부할 의무가 있는 것으로서 상속인에게 승계된 공과금을 의미하는데, 대표적인 예로 부가가치세 등의 국세 및 수도, 전기료 등의 공공요금이 그 예라고 할 수 있습니다. 다만, 상속개시일 이후 상속인의 귀책사유로 납부 또는 납부할 가산세, 가산금, 체납처분비, 벌금, 과료, 과태료 등은 공과금 등에 포함되지 않습니다.

상증세법 집행기준 14-9-1 【상속재산가액에서 차감되는 공과금의 범위】

② 상속채무

상속세 계산 시 피상속인의 상속재산에서 차감하는 채무란, **명칭여하에 관계없이 상속개시 당시 피상속인이 부담하여야 할 확정된 채무로서 공과금 외의 모든 부채**를 의미합니다. 즉, 현행 상증세법은 피상속인의 상속채무를 상속인의 신고만으로 인정하고 있지는 않으며, 법에서 규정하는 방식으로 **납세자에게 채무의 입증책임을 부여하고** 있으며, 상속채무 종류에 따른 입증방법은 다음과 같습니다.

상증세법 기본통칙 14-0…3
【채무의 범위】

대법원 2004.9.24. 선고 2003두 9886 판결

상속세 과세가액을 결정하는데 예외적으로 영향을 미치는 특별한 사유이므로 그와 같은 사유의 존재에 대한 주장 입증책임은 상속세 과세가액을 다투는 납세의무자 측에 있다고 보는 것이 상당하다 할 것

상증세법 집행기준 14-10-1
【채무의 입증방법】

[채무의 입증방법]

구분	채무의 입증방법
국가·지방자치단체·금융기관에 대한 채무	해당 기관에 대한 채무임을 확인할 수 있는 자료
그 외의 채무	금융거래증빙, 채무부담계약서, 채권자확인서, 담보설정 및 이자지급관련 서류

③ 사인 간 채무

실무적으로 상속채무가 문제가 되는 지점은 금융기관 등 객관적 입증이 상대적으로 쉬운 채무가 아닌 사인 간 채무에서 발생합니다. 일반적으로 사인 간 채권채무 관계를 형성할 때 차용증 등의 계약서를 작성해야 하나 급하게 돈을 빌려줄 상황이 생기거나, 당사자 간 관계를 문서로 남기기 어려운 상황이 있는 등의 사유로 관련된 증빙을 별도로 남기지 않는 경우가 많습니다. 이 경우, 과세관청은 납세자가 입증책임을 다하지 못하였기에 그러한 상속채무를 채무로 인정하지 않는 경우가 많습니다.

이는 특히, 배우자 간 자금거래에서 더더욱 빈번히 발생하는 문제입니다. 통상적으로 배우자는 경제공동체라는 인식이 있기에 자금을 조달하고 융통하는 과정에서 당사자 간 빈번하게 발생하는 자금거래에 대해서 납세자가 이를 채권·채무관계라 주장하기는 더욱 어렵고 과세관청 또한 배우자에 대한 채무를 인정해주지 않으려는 경향이 많습니다. 최근 조세심판원은 "청구인은 부부간에 임의로 작성 가능한 차용증서 외에 채무부담계약서, 담보설정 및 이자지급에 관한 증빙 등 쟁점금액이 피상속인이 청구인에 대하여 종국적으로 부담하여야 할 채무임을 인정할 수 있는 객관적인 입증자료를 제출하지 못한 점… 쟁점금액을 금전소비대차로 입금하였다기보다 청구인과 피상속인은 부부관계로서 공동의 생활자금으로 사용하기 위하였던 것으로 보이는 점"을 근거로 배우자에 대한 상속채무를 인정하지 않은 바 있습니다.

조심 2022서7345, 2023.2.16.

따라서, 상속채무에 대한 입증책임을 납세자에게 부여하고 있는 현행 구조 하에서 사인 간 채무, 특히 배우자 또는 직계존비속 간 채무를 주장하기 위해서는 그러한 사실을 입증할 수 있는 문서를 구비하고, 이자를 지급받는 등의 행위를 통해 채권·채무관계를 객관적으로 입증하고 소명할 필요성이 있으며, 이를 위해서는 생전에 가족 간 자금 대여라 하더라도 그러한 사실을 문서화하여 보관하고 있을 필요성이 있습니다.

(2) 상속공제: 각종 상속공제 중 피상속인에게 적용가능한 공제를 최대한 활용해야

KEY POINT

상속공제: 상속공제는 ① 기초공제, ② 인적공제(그 밖의 인적공제, 배우자 상속공제), ③ 기타공제(가업상속공제, 영농상속공제, 금융재산 상속공제, 재해손실 공제, 동거주택 상속공제)으로 구분할 수 있습니다.

일반적으로 피상속인이 사망한 경우, 기초공제와 인적공제를 적용하며, 피상속인의 보유재산·상속개시 당시 상황에 따라 각종 물적공제 적용여 부를 검토할 수 있는 만큼 상속세 절세를 위해서는 사전에 상속을 예비 하여 공제받을 수 있는 상속공제의 종류를 살펴보는 것이 바람직합니다.

① 기초공제

거주자나 비거주자의 사망으로 상속이 개시되는 경우에는 상속세 과세가액에서 2억 원을 공제합니다. 즉, 상속인의 상황이나 별도의 조건 없이 2억 원을 공제하고 있으며, 이를 기초공제라고 합니다.

② 인적공제

가 **그 밖의 인적공제**

거주자가 사망으로 상속이 개시되는 경우, 피상속인의 자녀, 상속 인 및 동거가족 중 65세 이상인 자에 대해서는 1인당 5천만 원(자녀 공제, 연로자공제), 상속인 및 동거가족 중 미성년자가 있는 경우 19 세까지의 연수×1,000만 원(미성년자공제), 상속인 및 동거가족 중 장애인이 있는 경우 기대여명의 연수까지 연수×1,000만 원(장애인 공제)을 그 밖의 인적공제 종류로 규정하고 있습니다. 이 때, 자녀면 서 미성년자인 경우, 중복적용이 가능합니다.

상속세 및 증여세법 제21조
【일괄공제】

통상적으로 기초공제와 그 밖의 인적공제 합계액이 5억 원을 초과하는 경우가 많지 않은데, 현행 세법은 기초공제와 그 밖의 인적공제 합계액이 5억 원 미만인 경우 5억 원을 공제하는 일괄공제 내용을 규정하고 있습니다. 이에 따라, 통상적으로 일괄공제 5억 원을 적용하는 것이 일반적이며, 만일 피상속인의 가족구성이 대가족이거나 장애인이 여러명 있어 그 밖의 인적공제가 3억 원을 초과하는 경우, 일괄공제 5억 원을 적용하지 않고 기초공제와 그 밖의 인적공제를 적용하는 것 또한 가능합니다.

나 배우자상속공제

부부는 삶의 여정을 함께 일구는 사회의 가장 기본적인 가족단위이며, 사회생활을 통해 획득하는 부를 함께 공유하는 경제공동체이기도 합니다. 따라서, 부부간 재산의 이전에 대해서는 과세를 하지 않는 것이 타당하다고 볼 수 있으나, 피상속인을 납세의무자로 규정하고 있는 현행 상속세의 구조 상 배우자에게 부가 이전된다는 이유 하나만으로 피상속인에게 납부의무가 있는 세금을 모두 면제할 수는 없습니다.

따라서, 현행 상증세법은 배우자상속공제라는 제도를 규정하여 (1) 법에서 규정하는 특정한 요건을 충족한 경우, (2) 배우자가 실제로 상속받은 금액에 대해서 (3) 공제한도 내에서 이를 과세금액에서 공제하고 있습니다.

• 배우자상속공제 요건

배우자상속공제를 받기 위해서는 상속개시 당시 배우자가 생존해 있어야 합니다. 만일 배우자가 없는 경우 배우자상속공제를 적용받을 수 없습니다. 또한, 배우자상속공제의 최소 공제금액인 5억 원을 초과하여, 배우자가 실제로 상속받은 금액에 대해서 공제를 받고자 할 경우 상속세과세표준 신고기한의 다음 날부터 9개월이 되는 날까지 배우자의 상속재산을 분할해야 합니다. 이 때, 상속재산을 분할한다는 의미는 상속인 간 상속재산분할협의를 마친 후 등기·등록·명의개서를 필요로 하는 상속재산에 대한 등기·등록·명의개서까지 완료한다는 것을 의미합니다.

상속세 및 증여세법 제19조 【배우자 상속공제】

따라서, 배우자상속재산분할기한 내에 상속재산분할협의를 마치더라도, 만일 부동산의 등기가 이루어지지 않은 경우 추후 과세관청은 배우자상속공제 요건을 충족하지 못하였다는 사유로 그러한 공제를 배제하도록 결정할 수 있으며, 기한 내에 등기 등을 마무리하지 못하여 과세되는 사례는 빈번히 발생하므로, 기한준수에 유념해야 합니다.

대법원 2023.11.2. 선고 2023두44061 판결 등

• 배우자가 실제로 상속받은 금액

배우자가 실제로 상속받은 금액이란 다음 표에 따른 가액을 의미합니다.

상증세법 집행기준 19-17-1 【배우자 실제 상속받은 금액】

[배우자가 실제로 상속받은 금액]

배우자가 상속받은 상속재산가액(사전증여재산가액 및 추정상속재산가액 제외)
- 배우자가 승계하기로 한 공과금 및 채무액
- 배우자 상속재산 중 비과세 재산가액
- 배우자 상속재산 중 과세가액불산입액
배우자가 실제 상속받은 금액

• 배우자상속공제 한도

배우자상속공제의 한도는 배우자의 법정상속분 가액과 30억 원 중 작은 금액을 한도로 합니다. 여기서 배우자의 법정상속분 가액이란 피상속인의 총 상속재산 중 배우자에게 귀속될 수 있는 법정상속분 한도를 의미하며, 피상속인의 총 상속재산가액에서 배우자의 법정상속비율을 곱하여 도출합니다. 한편, 자녀가 많을수록 배우자의 법정상속분 가액이 줄어들게 되어 공제 가능한 배우자상속공제 금액도 감소하는 결과가 되기에, 배우자상속공제는 자녀가 적을수록 공제가액이 증가하는 구조로 규정되어 있습니다.

③ 기타공제

기초공제와 인적공제 외에 상속공제는 가업상속공제, 영농상속공제, 금융재산상속공제, 재해손실공제, 동거주택상속공제 크게 다섯 가지로 구분됩니다.

가 가업상속공제

피상속인의 사망으로 인해 상속이 개시되어 상속인들이 피상속인의 경영권을 승계받게 되는 경우 거액의 상속세를 부담해야 합니다. 이에 현행 세법은 원활한 가업승계를 지원하기 위하여 법에서 정하는 요건(① 가업요건, ② 피상속인요건, ③ 상속인요건, ④ 기타요건)을 모두 갖춘 경우 해당 가업상속인이 상속받는 가업상속가액에 대하여 최대 600억 원까지 공제해주는 가업상속공제 제도를 규정하고 있습니다.

• 가업상속공제 요건

가업상속공제는 그 공제가액의 한도가 최대 600억 원까지 되는만큼 공제를 위한 요건을 까다롭게 규정하고 있으며, 현행 규정상 가업상속공제 요건을 다음과 같이 크게 네 가지로 구분할 수 있습니다.

구분		상세내용
가업요건	공통	① 상증령 별표에 따른 업종을 주된 사업으로 영위할 것
		② 피상속인이 10년 이상 계속하여 경영할 것
		③ 10년 이내 조세포탈 또는 회계부정행위 등의 위배대상에 해당하지 아니할 것
	중소·중견기업	④ 상속개시일이 속하는 사업연도의 직전연도 말 대통령령으로 정하는 중소·중견기업일 것 – 업종요건, 독립성요건, 자산요건 충족 필요
피상속인	대표이사 재직	⑤ 다음 세 가지 중 하나의 기간동안 대표이사 등에 재직하였을 것 (1) 가업영위기간 중 50% 이상 기간 (2) 상속개시일 소급 10년 중 5년 이상 기간 (3) 가업영위기간 중 10년 이상 기간
상속인	나이	⑥ 상속개시일 현재 18세 이상일 것
	가업종사	⑦ 상속개시일 전 2년 이상 가업에 종사하였을 것
	(법인 한정) 임원취임	⑧ 상속세 신고기한까지 임원으로 취임할 것
	(법인 한정) 대표이사 취임	⑨ 상속세 신고기한부터 2년 내 대표이사로 취임할 것
기타	(법인 한정) 주식보유	⑩ 피상속인과 그의 특수관계인의 주식을 합하여 40% (상장주식 20%) 이상을 10년 이상 계속 보유하였을 것
	(중견기업 한정) 납부능력	⑪ 가업상속재산 외에 상속재산의 가액이 해당 상속인이 상속세로 납부할 금액의 2배를 초과하지 않을 것

위 표는 가업상속공제의 적용을 위한 대략적인 요건을 정리한 것이지만, 세부적으로 각 요건을 충족 여부를 살펴본다면, 여러 가지 쟁점과 사실판단을 요하는 사안들이 확인됩니다.

예를 들어, 피상속인이 10년 이상의 계속경영 요건에서 "경영"이란, 단순히 지분을 소유하는 것을 넘어 가업의 효과적이고 효율적인 관리 및 운영을 위하여 실제 가업운영에 참여한 경우를 의미하며, 이러한 가업영위기간은 피상속인이 최대주주인 상태를 유지하면서 실제 가업의 경영에 참가한 때부터 기산하도록 해석하고 있습니다. 결국, 실제 가업운영에 참여하였는지 여부는 각 피상속인의 가업별 사실판단을 필요로 하기에, 납세자의 주장과 과세관청의 해석이 달라지는 경우 세무상 분쟁이 발생하게 됩니다.

한편, 과거에는 피상속인이 경영에 물러난 이후 상속이 개시되는 경우, 가업상속공제를 받지 못하도록 규정되어 있었으나, 최근 기획재정부의 해석 변경으로 인해 피상속인이 상속개시일 현재 가업에 종사하지 않더라도, 과거에 가업종사 기간이 법에서 규정하는 요건을 충족한 경우, 가업상속공제를 적용할 수 있다고 보고 있습니다. 또한, 과거에는 피상속인이 둘 이상의 가업을 영위하는 경우, 가업상속공제의 대상이 자녀 1인으로 한정되어 있었으나, 국세청의 해석 변경으로 인해 둘 이상의 가업도 각각의 상속인이 그 요건을 충족한 경우, 공제한도 내에서 가업 모두에 대한 가업상속공제가 가능하도록 변경되었습니다.

• 가업상속공제 금액 및 공제한도

가업상속공제 대상은 가업상속재산가액이 되며, 법 소정의 상속인 요건을 갖춘 가업상속인이 받거나 받을 상속재산의 가액을 의미합니다. 만일 가업상속공제의 요건을 모두 충족한 상속인이 가업상속공제를 신청할 경우, 피상속인의 가업영위기간에 따라 최대 300억 원에서 600억 원까지 공제가 가능합니다.

상증세법 집행기준 18-15-11
【가업상속재산의 범위】

[가업상속재산의 범위]

개인가업	상속재산 중 가업에 직접 사용되는 토지, 건축물, 기계장치 등 사업용 자산의 가액에서 해당 자산에 담보된 채무를 뺀 가액
법인가업	상속재산 중 가업에 해당하는 법인의 주식 등×(1 – 가업에 직접 사용하지 않는 사업무관자산 비율)

가업상속공제는 경영권의 안정적인 승계를 지원하는 제도이기도 하지만, 공제가액이 상당한 만큼 과세관청 입장에선 그만큼 구체적이고 세부적으로 상속인의 요건충족 여부를 살펴볼 수 밖에 없으며, 상속인의 가업상속공제 사후관리 요건의 준수 여부를 꼼꼼히 살펴보고 만일 사후관리요건 위배 시 기존에 공제받은 가액과 이자상당액을 납세지 관할 세무서에 납부해야 하므로 공제를 받기 전·후로 꼼꼼한 관리가 되지 않는다면 큰 경제적 부담이 가중될 수 있습니다. 가업상속공제의 여러 요건들은 피상속인의 상속개시 이전부터 준비해야 충족할 수 있는 요건들이 대다수이기 때문에, 만일 가업을 운영하는 경우 가업상속공제를 위해서는 피상속인 생전에 가업승계를 위한 여러 가지 준비절차와 사전 검토가 필요합니다.

상증세법 제18조의2
【가업상속공제】 제5항

나 영농상속공제

영농상속공제는 가업상속공제와 마찬가지로 영농의 승계를 지원하기 위한 제도로서 법 체계구조가 가업상속공제와 유사하다는 특징이 있습니다. 다만, 영농상속공제는 농업, 임업 및 어업을 주된 업종으로 영위하는 경우에 한해 적용되며, 가업상속공제와 영농상속공제는 동일한 상속재산에 대해서 중복적용이 불가능하므로, 공제의 한도가 높고 사후관리 측면에서 영농상속공제보다 가업상속공제를 받는 것이 현실적으로 유리하기에 가업상속공제의 요건을 충족할 수 있는 상황이라면 영농상속공제보다 가업상속공제를 신청하는 것이 효용성 측면에서 바람직합니다.

- **영농상속공제 요건**

구분		상세내용
영농요건	공통	① 한국표준산업분류에 따른 농업, 임업 및 어업을 주된 업종으로 영위할 것
		② 피상속인 또는 상속인이 조세포탈 또는 회계부정 행위 등의 위배대상에 해당하지 아니할 것
피상속인	영농종사 요건	③ 상속개시일 8년 전부터 계속하여 직접 영농에 종사할 것
	거주 요건	④ 농지가 소재하는 시군구 등에서 직선거리 30km 내에 거주할 것
상속인	나이	⑤ 상속개시일 현재 18세 이상일 것
	영농·영어 및 임업후계자	⑥ 후계농업경영인, 청년창업형 후계농업경영인, 임업후계자, 농업 또는 수산학교 재직 또는 졸업자일 것
	영농종사	⑦ 상속개시일 전 2년 이상 계속하여 직접 영농에 종사하였을 것
	거주 요건	⑧ 농지가 소재하는 시군구 등에서 직선거리 30km 내에 거주할 것
	(법인 한정) 대표이사 취임	⑨ 상속세 신고기한까지 임원으로 취임 후, 2년 내 대표이사로 취임할 것
기타	(법인 한정) 주식보유	⑩ 피상속인과 그의 특수관계인의 주식을 합하여 50% 이상을 계속하여 보유할 것

영농상속공제의 가장 기본이 되는 "직접 영농에 종사하는 경우"란 피상속인 또는 상속인이 소유 농지 등을 활용하여 농장업의 2분의 1 이상을 자기의 노동력으로 수행하는 경우 등을 뜻하며, 영농 이외에 발생한 사업소득금액(임대업 제외)과 근로소득 총급여 합계액이 3,700만 원을 초과하는 경우 해당 과세기간은 "직접 영농에 종사하는 경우"에서 제외됩니다. 따라서, 부모님이 지방에 거주하시면서 농사를 주업으로 하셨더라도, 상속인이 직장에 재직 중인 근로소득자이거나 개인사업을 영위하던 경우, 현실적으로 "직접 영농 종사요건"을 충족할 수 없기에 영농상속공제를 받기 위해서는 피상속인, 상속인의 까다로운 요건 검토를 필요로 합니다.

상증세법 시행령 제16조 【영농상속】 제4항

- **영농상속공제금액 및 공제한도**

영농상속공제 대상은 상속인 요건을 갖춘 상속인이 받거나 받을 영농상속 재산을 의미하며, 농지, 초지, 보전산지, 어선, 어업권 등이 이에 해당합니다. 만일 영농법인에 해당할 경우, 해당 법인의 주식가액이 공제금액이 되며, 공제한도는 30억 원을 한도로 합니다.

다 금융재산 상속공제

금융재산 상속공제란, 피상속인이 상속개시일 현재 금융재산을 보유하고 있는 경우 법 소정의 한도 내에서 금융재산가액을 공제하는 규정으로, 현금과는 달리 소유권에 대한 입증이 쉬운 금융재산의 보유를 장려하고자 하는 목적으로 신설되었습니다.

이러한, 금융재산에는 금융회사가 취급하는 예금·적금·부금·계금·출자금·신탁재산·보험금·공제금·주식·채권·수익증권·출자지분·어음 등의 금전 및 유가증권이 그 대상에 속하며, 현금, 자기앞수표, 대여금

상증세법 집행기준 22-19-3 【자기앞수표의 금융재산 포함 여부】

사전-2022-법규재산-0377, 2022.4.13.

피상속인이 사인간 금전소비대차 계약에 의하여 타인에게 대여한 대여금은 「상속세 및 증여세법」 제22조 제2항의 타인명의의 금융재산에 해당하지 않으므로 같은 법 제22조 제1항에 따른 금융재산 상속공제가 적용되지 아니하는 것임.

사전-2020-법령해석재산-0230, 2020.6.4. 등

대한지방행정공제회는 「상속세 및 증여세법 시행령」 제10조 제2항에서 정한 「금융실명거래 및 비밀보장에 관한 법률」 제2조 제1호에 따른 금융회사등에 해당하지 않으므로…

은 금융재산 상속공제의 대상에 해당하지 않습니다. 또한, 금융재산 상속공제는 금융회사가 취급하는 예적금 등이 공제대상이므로, 군인공제회, 교직원공제회, 대한지방행정공제회 등 금융기관이 아닌 공제회 불입금 등은 금융재산 상속공제의 대상에 해당하지 않습니다.

금융재산 상속공제는 총 공제한도 2억 원 내에서 순금융재산의 가액 20%와 2천만원 중 큰 금액을 한도로 적용되며, 순금융재산의 가액이 2천만원 이하인 경우, 그 순금융재산의 가액을 한도로 합니다. 금융재산 상속공제의 경우, 공제가액의 크고 적음은 있어도 공제대상에서 제외되는 사례가 대부분 없으므로, 공제 받을 수 있는 가액을 꼼꼼히 산정하여 누락되지 않도록 유념해야 합니다.

라 재해손실공제

재해손실공제는 상속개시 이후 상속세 신고기한 내에 상속재산이 붕괴·폭발 등의 재난으로 인해 멸실되는 경우 손실가액을 과세가액에서 공제해 주는 규정으로, 일반적인 경우 잘 발생하지 않는 공제입니다. 재해손실공제는, 그 취지가 상속인의 귀속이 되지 않는 재산적 가치에 대해서는 상속세 납세의무에서 공제해 주는 데 있으므로 만일 손실가액에 대해서 보상금을 수령하여 손실가액 상당액을 보전받을 수 있는 경우에는 공제대상에 해당하지 않습니다.

마 동거주택 상속공제

동거주택 상속공제는 1세대 1주택 실수요자의 상속세 부담이 증가한 점을 감안하여, 상속세 부담을 완화하기 위해 입법된 규정으로, 상속개시일 현재 피상속인과 상속인이 하나의 주택에서 동거하는 등 부모를 봉양하는 상속인에 대한 세제혜택 제공을 목적으로 합니다.

이러한 동거주택 상속공제 규정은 거주자의 사망에 한하여 적용되는 규정이므로, 피상속인이 비거주자인 경우 적용이 불가능합니다.

상증세법 제23조의2
【동거주택 상속공제】 제1항

조심 2023서0058, 2023.12.12.
"10년 이상 계속할 것"을 공제요건으로 하므로 상속인이 국외에 체류하는 등의 사유로 동거기간이 단절되면, 10년 계속요건 충족이 어려움.
다만, 징집, 취학, 직장변경 등의 부득이한 사유에 대해서는 예외적으로 계속하여 동거하는 것으로 보되, 동거기간에는 산입하지 않음.

• 동거주택 상속공제 요건

피상속인과 상속인이 상속개시일로부터 소급하여 10년 이상 계속하여 ① 하나의 주택에서 동거하며, ② 1세대를 구성하면서 대통령령으로 정하는 1세대 1주택을 유지한 경우로서, ③ 상속개시일 현재 무주택자인 상속인이나 피상속인과 공동으로 1세대 1주택을 보유한 상속인이 주택을 상속받을 것을 그 요건으로 합니다.

본 규정의 적용대상이 되는 상속인은 직계비속 및 대습상속에 따른 직계비속의 배우자에 한하여 적용됩니다. 배우자는 동거주택 상속공제의 대상이 되는 상속인에 해당하지 아니하므로, 남편의 사망으로 아내가 해당 주택을 상속받는 경우 동거주택 상속공제 적용대상에 해당하지 않으며, 자녀가 상속받아야 공제를 받을 수 있음에 유념해야 합니다.

또한, 대통령령으로 정하는 1세대 1주택 요건을 충족해야 하므로, 상속개시일 현재 피상속인의 배우자가 주택을 보유하는 등 1세대 1주택의 요건을 충족하지 못하는 경우 본 규정의 적용이 어렵습니다. 다만, 피상속인이 일시적으로 2주택을 소유한 경우 등 일부 예외적인 주택에 대해서는 동거주택 상속공제의 대상 주택으로 인정하고 있습니다.

[대통령으로 정하는 1세대 1주택]

대통령령으로 정하는 1세대 1주택

"대통령령으로 정하는 1세대 1주택"이란 「소득세법」 제88조 제6호에 따른 1세대가 1주택(「소득세법」 제89조 제1항 제3호에 따른 고가주택을 포함한다)을 소유한 경우를 말한다.

1세대가 2주택 이상을 소유한 경우에도 1주택 소유로 인정하는 경우

1. 피상속인이 다른 주택을 취득하여 일시적으로 2주택을 소유한 경우
2. 상속인이 상속개시일 이전에 1주택을 소유한 자와 혼인한 경우
3. 피상속인이 국가등록문화재에 해당하는 주택을 소유한 경우
4. 피상속인이 이농주택을 소유한 경우
5. 피상속인이 귀농주택을 소유한 경우
6. 1주택을 보유하고 1세대를 구성하는 자가 상속개시일 이전에 60세 이상의 직계존속을 동거봉양하기 위하여 세대를 합쳐 일시적으로 1세대가 2주택을 보유한 경우
7. 피상속인이 상속개시일 이전에 1주택을 소유한 자와 혼인함으로써 일시적으로 1세대가 2주택을 보유한 경우.
8. 피상속인 또는 상속인이 피상속인의 사망 전에 발생된 제3자로부터의 상속으로 인하여 여러 사람이 공동으로 소유하는 주택을 소유한 경우

- **동거주택 상속공제 공제한도**

　동거주택 상속공제의 요건을 충족한 경우, 상속주택가액의 100분의 100에 상당하는 가액을 6억 원의 공제한도 내에서 상속세 과세가액에서 공제할 수 있습니다.

PART 4

한눈에 보는 상속세
신고실무 체크리스트

1 피상속인과 상속인의 기초자료 파악 및 정리

2 상속세 계산구조 요약

3 상속재산/상속채무 파악 및 평가

4 과세가액공제·상속공제 대상 파악

5 상속인 간 상속재산분할 협의

6 상속세 신고서 작성 및 상속세 신고·납부

7 상속재산 취득·등기

지금까지 상속의 기본적인 개념부터 상속재산에 대한 파악, 상속재산의 평가 및 상속세 절세를 위한 각종 상속공제 종류와 공제방법, 그리고 상속세 신고 방법 및 절차 등에 대해서 살펴보았습니다.

본 체크리스트를 통해 앞서 살펴본 상속세 관련 쟁점들과 검토내용을 요약하여 정리하고, 상속인들의 상속세 신고 실무 시 꼭 숙지하고 있어야 할 필수적인 쟁점들을 검토 하도록 합니다.

1 피상속인과 상속인의 기초자료 파악 및 정리

(1) 상속 관련 기초자료 구비

구분	검토항목	검토서류	관련 페이지
상속개시일 판단	• 피상속인의 사망일 파악 (상속개시일은 상속과 관련된 권리관계 기준 일임)	사망진단서 등	18p
상속재산 파악	• 각 재산 종류별 피상속인 소유 상속재산 파악	안심상속원스톱 서비스 등	21p
상속 승인·포기 결정	• 피상속인의 상속재산(채무 포함) 파악 후 한정승인·상속포기 여부 결정 – 신고기한: 상속개시 있음을 안 날로부터 3개월 내 – 신고절차: 신고기한 내 가정법원에 신고 (신고기한 내에 상속인이 상속재산을 처분하는 경우 상속이 당연승인됨에 유의)	한정승인신고서, 상속포기신고서 등	25p
법정상속인 구분 (상속결격자 확인)	• 다음 순위에 따라 민법상 상속인 결정 (직계비속, 직계존속 없이 배우자만 있는 경우 배우자가 단독상속인이 됨) – 1순위: 피상속인의 직계비속 및 배우자 – 2순위: 피상속인의 직계존속 및 배우자 – 3순위: 피상속인의 형제자매 – 4순위: 피상속인의 4촌 내 방계혈족 • 상속결격사유 대상 상속인 여부 파악 (살인, 살인미수 등)	가족관계증명서 등	44p
유언 존재 파악	• 법적 효력을 갖는 유언장 존재 여부 파악(자필증서, 녹음, 공정증서, 비밀증서, 구수증서)	유언장	53p

구분	검토항목	검토서류	관련 페이지
비거주자 여부 판단	• 피상속인의 소득세법상 거주자 여부 판단(국내에 주소 또는 183일 이상 거소 여부)	출입국기록, 외국인등록증 등	57p

(2) 사망신고

구분	검토항목	검토서류	관련 페이지
사망신고 기한	• 사망사실을 안 날부터 1개월	사망진단서	
사망신고 방법	• 주민등록상 주소지 주민센터 혹은 구청		
사망신고 의무자	• 동거하는 친족 (신고기한 경과 시 과태료 부과 가능)		70p
사망신고 유의사항	• 사망신고 시 예금인출 제한 (피상속인 명의 예금 인출을 위해선 상속인 전원의 동의 혹은 상속재산분할협의서 필요)		

2 상속세 계산구조 요약

상속재산가액

+ 간주상속재산 → 보험금, 신탁재산, 퇴직금
+ 추정상속재산 → 2억 원 / 5억 원 이상 처분재산 · 채무부담

─────────────

총 상속재산가액

− 비과세재산 → 금양임야, 문화재 등
− 과세가액불산입재산 → 공익법인 출연재산 등
− 과세가액 공제 → 공과금, 장례비용, 채무
+ 사전증여재산 → 10년(상속인) / 5년(상속인 외) 이내 사전증여재산

─────────────

상속세 과세가액

− 상속공제 → 기초공제, 배우자 상속공제, 기타 인적공제,
− 감정평가 수수료 　　금융재산 상속공제, 재해손실공제, 동거주택
　　　　　　　　　　　상속공제, 가업상속공제, 영농상속공제

─────────────

상속세 과세표준

x 세율

─────────────

상속세 산출세액

+ 세대생략 상속 할증액 → 세대생략 상속 시 30%(미성년자 20억 원 초과 시 40%) 가산
− 세액공제 → 신고세액공제, 단기재상속공제 등

─────────────

신고납부세액

+ 가산세 → 신고불성실, 납부불성실

─────────────

차가감납부할세액

− 연부연납, 물납, 분납 → 요건 충족 시 납부방법 선택 가능

─────────────

자진납부세액

3 상속재산/상속채무 파악 및 평가

(1) 상속재산 파악

구분	검토항목	검토서류	관련 페이지
안심상속 원스톱 서비스 (행정안전부)	• 다음의 자료 조회 가능 　- 금융재산(예금 등), 연금·공제 부금 　- 보험 가입내역 　- 부동산(토지 및 건물), 자동차 　- 국세 및 지방세 체납금	원스톱서비스	
상속재산 조회도움 서비스 (국세청)	• 다음의 자료 조회 가능 　- 특정시설물이용권(회원권) 보유내역 　- 재산세 부과내역 　- 이자·배당지급명세서 자료 　- 비상장주식 보유내역 　- 사전증여 내역		
그 외 기타재산	• 국외재산 보유내역 파악	재산내역 등	84p
	• 국세·지방세 환급금 존재 여부 파악	소득세신고서 등	
	• 사인 간 채권·채무 존재 여부 파악	차용증 등	
	• 신탁재산 존재 여부 파악	신탁계약서 등	
	• 퇴직금 존재 여부 파악	퇴직금 정산서 등	
	• 임차·임대보증금 등 부동산 관련 내역 파악	임대차계약서 등	
	• 금융채무(신용카드 미결제 등) 내역 파악	카드결제내역서 등	
	• 그 외 재산 등	각 재산별 관련서류	

(2) 상증세법상 평가규정

① 상증세법상 평가 원칙

구분	내용
1순위 [시가]	[평가기준일] 상속개시일 [평가의 원칙] 평가기준일 전·후 6개월 내에 다음 각 호 중 어느 하나에 해당하는 가액이 있는 경우 그 가액을 해당 재산의 평가가액으로 봄 (1) 해당 재산에 대한 매매사실이 있는 경우 　－ 특수관계인(직계존비속, 4촌 이내 혈족 등) 간 거래는 제외 　－ 해당 재산이 아니더라도 유사한 재산은 시가로 볼 수 있음(유사매매사례가액) (2) 해당 재산에 대한 둘 이상 감정평가액이 있는 경우 　－ 기준시가 10억 미만 재산의 경우 하나의 감정평가액도 인정함 　－ 다만, 감정평가사가 일정한 조건이 충족될 것을 전제로 당해 재산을 평가한 경우 해당 평가액은 제외됨 (3) 해당 재산에 대한 수용·경매·공매사실이 있는 경우 　－ 수의계약에 의해 취득한 물건은 시가로 인정하지 않음
2순위 [보충적 평가]	1순위 시가를 산정하기 어려운 경우, 해당 재산의 종류, 규모, 거래상황 등을 고려하여 상증세법에서 규정한 방법(개별공시지가, 시가표준액, 기준내용연수로 상각한 감가상각을 반영한 평가액 등 각 자산별 상이)에 따라 평가

② 보충적 평가방법

구분	평가방법	검토서류	관련 페이지
부동산	• 토지: 개별공시지가 • 건물: 건물 기준시가 • 오피스텔 및 상업용 건물: 고시가액 • 주택: 개별주택가격·공동주택가격	등기부등본, 건축물대장 등	112p
비상장주식	• 순손익가치와 순자산가치 가중평균 　(3:2) 　(부동산과다보유법인: 순손익가치와 순자산가치 2:3 가중평균)	비상장주식평가서	128p

구분	평가방법	검토서류	관련 페이지
그 외 재산	• 상품 등 유형자산: 재취득가액	감정평가서 등	
	• 영업권: 세법 규정에 따른 평가가액	영업권평가서	
	• 조건부 권리: 세법 규정에 따른 평가가액(연금보험금, 주식매수선택권 등)	평가결과내역	
	• 담보설정재산: 당해 재산 담보채권액	등기부등본 등	

(3) 상속재산별 평가방법

① 유가증권 관련 재산

구분	평가방법	검토서류
예금·저금·적금	상속개시일 현재 예입총액 + 미수이자 상당액 - 원천징수세액	은행 잔고조회서, 금융상품 조회 결과서, 금융거래확인서 등
상장주식	상속개시일 이전·이후 각 2개월 동안 공표된 매일의 거래소 최종 시세가액의 평균액	각 거래일별 시세자료
비상장주식	상속개시일 현재 1주당 순손익가치와 1주당 순자산가치 3:2 가중평균(부동산과 다보유법인의 경우, 순손익가치와 순자산가치 2:3 가중평균)	비상장법인 재무제표, 계정별 명세서 등
국채·공채·사채	- 거래소에서 거래되는 국채 등: MAX[①, ②] ①: 상속개시일 전 2개월 거래소 종가 평균액 ②: 상속개시일 이전 최근일 종가액 - 타인매입 국채 등: 매입가액+미수이자 상당액 - 그 외 국채 등: 상속개시일 현재 처분 예상금액	거래일별 시세자료 채권 매매계약서 등

구분	평가방법	검토서류
대부금· 외상매출금 등 채권가액	– 원본 회수기간 5년 이하: 원본가액+ 미수이자상당액 – 원본 회수기간 5년 초과: 각 연도별 회수할 금액(이자 포함)을 8%의 할인 율에 따라 현재가치로 할인한 금액의 합계액	관련 계약서 (이자수령내역 포함)
집합투자증권 (펀드 등)	상속개시일 현재의 거래소 기준가격 또는 집합투자업자가 산정·공고한 기준가격	상속개시일 시세자료

IPO 준비
법인주식
	상속개시일 현재 기업공개를 목적으로
	금융위원회에 유가증권 신고를 한 법인
	주식+유가증권 신고직전 6월부터 증권
	거래소에 최초로 주식을 상장하기 전까
	지의 주식의 경우, MAX[①, ②]
	①: 공모가격
	②: 상장주식 평가방법 준용에 따른 평가가액
	   (해당가액이 없을 경우, 비상장주식 평가
	   액 적용)
		증권신고서 제출 여부
		확인

국외 재산 등	[평가방법] 각 재산별 상증세법에 따른 평가방법 준용 (국내 상증세법 규정 적용이 부적절한 경우, 당해 재산이 소재하는 국가의 평가방법 가액 적용) [환율적용] 상속개시일 현재 환율로 환산	상속개시일 적용환율 자료 (서울외국환중개 등)

② 부동산 관련 재산

구분	평가방법	검토서류
일반 부동산 (토지·건물 등)	- 매매가액이 있는 경우: 매매가액 - 감정평가액이 있는 경우: 감정평가가액 - 공매가액이 있는 경우: 공매·경매가액 - 그 외의 경우 　① 토지: 「부동산 가격공시에 관한 법률」에 　　 따른 개별공시지가 　② 건물: 건물 기준시가 　③ 오피스텔 및 상업용건물: 국세청장 고시 　　 가액 　④ 주택: 개별주택가격·공동주택가격	개별공시지가 자료 국세청장 고시가액 등기부등본, 건축물대장
지상권 (地上權)	지상권 설정토지가액에 100분의 2를 곱 한 가액을 지상권 잔존내용연수에 맞추어, 각 연도별 회수할 금액으로 보아 10%의 할인율에 따라 현재가치로 할인한 금액의 합계액	지상권 설정계약서 등
부동산 취득 권리	상속개시일 현재까지 납입금액+프리미엄 상당액	관련 매매계약서
조합원 입주권	관리처분계획인가일 기준 조합원권리가액 + 상속개시일까지 납부한 분담금 상당액 + 상속개시일 현재의 프리미엄 상당액	관리처분인가 관련 자료 조합원 권리가액 자료 조합 매매사례가액 자료 등
시설물· 구축물	다시 건축하거나 다시 취득할 경우 소요되 는 가액 - 설치일부터 상속개시일까지의 감가상각비 상 　당액	설치관련 증빙(계약서 등)
임대차계약 체결· 임차권 등기재산	MAX[①, ②] ①: 각 부동산재산 별 평가방법에 따른 평가액 ②: 임대료 환산가액 　　[(1년 간의 임대료÷12%)+임대보증금)	임대차계약서 등

③ 기타 상속재산 및 채무

구분	평가방법	검토서류
차량, 기계장비, 입목	해당 자산 처분 예상가액 - 가액이 확인되지 않는 경우, 장부가액 및 시가표준액 순차적 적용	회계상 장부가액 자료, 시가표준액 자료 등
상품, 제품 및 기타 유형자산	재취득가액 - 가액이 확인되지 않는 경우, 장부가액	시가 자료 회계상 장부가액 자료
서화, 골동품, 도자기 등 미술품	2개 이상 전문감정기관이 감정한 가액의 평균액	감정평가서 자료
특허권, 상표권 등	권리에 의하여 장래에 받을 각 연도별 수입금액을 10%의 할인율로 할인한 금액 - 연도별 수입금액 20년 초과 시 20년을 기준으로 함	수입예상금액 자료
정기금 받을 권리	잔존기간에 각 연도에 받을 정기금액을 3%의 할인율로 할인한 현재가치	예상수령금액 자료
가상자산	상속개시일 전·후 1개월 간 가상자산사업자 공시가액 평균 - 그 밖의 경우: 거래일 평균가액 또는 종가액 등 합리적으로 인정되는 가액	공시가액 자료
저당권 설정재산	MAX[①, ②] ①: 저당권 설정재산 별 평가방법에 따른 평가액 ②: 평가기준일 현재 당해 재산 담보채권액 (실제 남아있는 채권액)	부동산 등기부등본 등
국외 재산 등	[평가방법] 각 재산별 상증세법에 따른 평가방법 준용(국내 상증세법 규정 적용이 부적절한 경우, 당해 재산이 소재하는 국가의 평가방법 가액 적용) [환율적용] 상속개시일 현재 환율로 환산	상속개시일 적용환율자료 (서울외국환중개 등)
금융채무, 차입금 등	- 원본 회수기간 5년 이하: 원본가액 + 미수이자상당액 - 원본 회수기간 5년 초과: 각 연도별 회수할 금액(이자 포함)을 8%의 할인율에 따라 현재가치로 할인한 금액의 합계액	관련 계약서 (이자수령내역 포함)

④ 간주상속재산·추정상속재산·사전증여재산

구분	평가방법	검토서류
보험금	MAX[①, ②] ①: 약관에 의하여 산출되는 해지환급금 ②: 유기정기금 평가방법에 따른 평가액 (잔존기간에 각 연도에 받을 정기금액을 3%의 할인율로 할인한 현재가치)	보험약관, 해지환급금 내역서 등
신탁재산	법에 따라 평가한 신탁재산의 가액	신탁계약서, 신탁재산평가내역 등
퇴직금	피상속인의 사망에 따라 지급되는 금액	퇴직금 명세서
추정상속재산	처분재산가액·인출금액·채무부담액 - 용도증명된 금액 - Min(처분재산가액·인출금액·채무부담액× 20%, 2억 원)	은행계좌별 거래명세, 거래원장, 차입금명세 등
사전증여재산	- 상속인: 10년 이내 증여한 국내·외 재산가액 - 상속인 외의 자: 5년 이내 증여한 국내·외 재산가액(증여 당시 가액을 상속세 과세가액에 가산)	증여세 신고서 등

4 과세가액공제·상속공제 대상 파악

(1) 과세가액공제

구분	검토항목	검토서류	관련 페이지
공과금	피상속인 납부의무 공과금 여부 파악 (국세, 관세, 공공요금, 공과금 등)	각종 신고 납부서 등	
	상속인 귀책사유로 인한 가산세, 벌금 등 제외 필요	가산세 내역 등	
	피상속인 상여처분 소득세 포함 여부	종합소득세 신고서	
장례비	장례에 직접 소요된 비용: Max[5백만 원, Min(실제 소요비용, 1천만 원)]	장례비 영수증	150p
	봉안시설 및 자연장지 소요비용: Min[실제 소요비용, 5백만 원]	봉안시설 영수증	
채무	상속개시일 현재 금융채무 및 미지급이자 확인	금융거래확인서 등	
	사인 간 금전소비대차계약 체결여부 확인 관련 증빙 보유여부 확인	금전대차계약서, 이자지급증빙 등	
	피상속인 명의 임대차계약 존재 여부 확인	임대차계약서	
	그 외 기타 피상속인 부담 채무 확인	관련계약서 등	

(2) 상속공제

구분	검토항목	검토서류	관련 페이지
기초공제 & 그 밖의 인적공제	① 기초공제: 2억 원 공제 (거주자, 비거주자 무관) ② 그 밖의 인적공제: 자녀공제, 미성년자공제, 연로자공제, 장애인공제	가족관계증명서 등	153p
배우자 상속공제	배우자상속재산 분할기한까지 ① 상속재산 분할, ② 상속재산에 대한 등기, ③ 상속재산 분할사실 신고를 이행한 경우 적용	상속재산분할협의서 등	154p
가업상속 공제	법에서 규정하는 ① 가업요건, ② 피상속인요건, ③ 상속인요건, ④ 납부능력요건(중견기업)을 모두 갖춘 경우 해당 가업상속인이 상속받는 가업상속가액에 대하여 적용	가업 재무제표(매출자료), 법인 등기부등본, 주주명부 등 가업요건 충족 판단을 위한 증빙	156p
영농상속 공제	법에서 규정하는 ① 영농재산요건, ② 피상속인요건, ③ 상속인요건, ④ 영농종사요건을 모두 갖춘 경우 적용	농업소득 과세사실증명서, 전입세대열람원, 농지원부 등 영농요건 충족 판단을 위한 증빙	159p
금융재산 상속공제	상속개시일 현재 순금융재산이 존재하는 경우 적용 - 순금융재산: 금융재산 – 금융부채	금융기관별 잔고증명서, 금융거래확인서 등	161p
재해손실 공제	피상속인이 거주자로서 상속세 신고기한까지 재난으로 인해 상속재산이 멸실·훼손된 경우 적용	재해손실 증빙자료 (보험금 청구내역 등) 등	162p
동거주택 상속공제	① 피상속인과 상속인이 상속개시일부터 소급하여 10년 이상 계속하여 하나의 주택에서 동거하였고, ② 상속개시일부터 소급하여 10년 이상 1세대1주택 요건을 충족하였고, ③ 상속인이 무주택자이거나, 피상속인과 공동으로 상속주택을 보유한 경우 적용	가족관계증명서, 주민등록등·초본 등	162p

5   상속인 간 상속재산분할 협의

구분	검토항목	검토서류	관련 페이지
상속재산 분할방법	① 유언에 의한 지정분할 ② 상속인 간 협의분할 ③ 법원에 의한 심판분할		상속재산
유언에 의한 지정분할	법적 효력을 갖는 유언장 여부 판단 ① 법적으로 유효한 유언 방식인지 확인 ② 각 방식에 따른 법적 요건을 갖추었는지 확인	유언장 원본	53p
	- 자필증서: 유언자의 전문, 연월일, 주소, 성명 자서 및 날인 여부 확인		
	- 녹음: 유언자의 유언취지, 성명, 연월일 구술 이후 참여한 증인의 구술(유언의 정확함, 성명) 여부 확인		
	- 공정증서: 증인 2인이 참여한 공증인 앞에서 유언 전달 후 공증인이 필기낭독 이후 유언자와 증인의 서명(기명날인) 여부 확인		
	- 비밀증서: 유언자가 2인 이상 증인의 면전에 제출하여 자기의 유언서임을 표시한 후 봉서표면에 유언자와 증인의 서명(기명날인) 여부 확인 + 봉인상 확정일자 득 여부 확인		
	- 비밀증서: 유언자가 2인 이상의 증인 참여로 1인에게 유언취지 설명 후 설명을 들은 자의 필기낭독 이후 유언자와 증인의 서명(기명날인) + 법원 검인 신청 여부 확인		
	유언장이 갖는 법률효과 확인 - 친생부인, 혼외자 인지, 후견인 지정 등		
	유언에 따른 각 상속인별 귀속 상속재산 파악		

구분	검토항목	검토서류	관련 페이지
상속인 간 협의분할	상속인 전원의 참여에 의한 협의분할인지 여부 확인	가족관계증명서	53p
	상속인 중 미성년자가 있다면, 특별대리인의 선임 및 참여가 이루어졌는지 여부 확인	주민등록등본 등	
	문서 작성 시 인감날인 및 간인이 되었는지 여부 확인		
법원에 의한 심판분할	상속재산 분할심판청구 제기 시 상속인 전원을 상대방으로 하여 청구된 유효한 심판청구인지 여부 확인		
	법원의 심판 전 조정의 과정을 거치게 되므로, 조정을 통해 상속인 간 협의를 모색할 수 있는 방안 강구	상속재산분할심판 청구이유서	

6 상속세 신고서 작성 및 상속세 신고·납부

(1) 상속세 신고서 작성

구분	검토항목	검토서류	관련 페이지
신고서 제출기한	상속개시일이 속하는 달의 말일부터 6개월 내 (피상속인 또는 상속인이 외국에 주소를 둔 경우 9개월 내)	사망진단서	79p
신고서 제출의무	공동상속인 중 1인이 상속세 신고서 제출시 다른상속인인 제출을 요하지 않음		
상속인 미확정시	상속세 신고와 별도로, 상속인이 확정될 날로 부터 30일 내에 납세지 관할 세무서장에게 제 출해야 함		
신고서 작성	상속세 과세표준신고 및 자진납부계산서(별지 9호) – 신고인 및 피상속인의 정보 기입여부 확인 – 상속세과세가액 등 적절한 가액 기입여부 확인	유언장	
	상증세법 시행령에서 규정하는 증명서류 첨부 여부 – 피상속인의 제적등본 및 가족관계증명서 – 상속재산명세 및 평가명세서 – 채무사실 입증 서류 – 각종 상속공제 관련 증빙서류	각종 증빙서류	
	배우자 상속공제 적용 시, 상속재산 분할협의 서 첨부 여부	상속재산 분할협의서	

(2) 상속세 납부방법

① 분납

구분	검토항목	검토서류	관련 페이지
요건검토	상속세 납부세액 1천만 원 초과 여부	상속세 신고서	
분납세액 검토	- 상속세 납부세액 2천만 원 이하: 1천만 원 초과분 - 상속세 납부세액 2천만 원 초과: 세액의 50% 이하	상속세 신고서 연부연납 신청서	103p

② 연부연납

구분	검토항목	검토서류	관련 페이지
요건검토	① 상속세 납부세액 2천만 원 초과 여부 ② 상속세 신고기한까지 연부연납신청서 제출 여부 ③ 적절한 납세담보 제공 여부	상속세 신고서	
연부연납 신청기간	납세자가 신청하는 기간(최대 10년 내) - 각 회분의 분납세액이 1천만 원 초과해야 함 - 다만, 가업상속공제 대상 재산 등의 경우 최대 20년 또는 10년 거치 후 10년 분납 가능		
납세담보 제공자산	납세담보가 다음 중 어느 하나에 해당하는 지 여부 - 금전 - 자본시장법에 따른 국채증권 등의 유가증권 - 납세보증보험증권 - 납세보증서 - 토지 - 보험에 든 등기된 건물, 공장재단, 선박 등		103p
납세담보 제공액	담보할 상속재산가액(가산금 포함)의 120% 충족 여부 - 납세보증보험증권의 경우 110%	상속재산 평가	

③ 물납

구분	검토항목	검토서류	관련 페이지
요건검토	① 상속세 납부세액 2천만 원 초과 여부 ② 부동산, 유가증권 가액 상속재산 50% 초과 여부 ③ 상속세 납부세액의 금융재산 가액 초과 여부	상속세 신고서	
물납대상 자산	① 국내 소재 부동산 ② 국채·공채·주권 및 내국법인 발행 채권, 증권 – 상장주식: 처분제한된 경우 – 비상장주식: 다른 상속재산이 없거나 선순위 물납재산으로 충당이 안되는 경우에 한하여 가능		103p
물납대상 환가성	법 규정 순서에 따라 물납제공 이루어졌는지 여부 ① 국채 및 공채 ② 물납대상에 포함되는 유가증권 중 상장주식 ③ 국내에 소재하는 부동산(아래 (6) 재산 제외) ④ 물납대상 유가증권들 중 (1), (2), (5)에 속하지 않는 증권 ⑤ 물납대상에 포함되는 비상장주식 ⑥ 상속인이 거주하는 주택 및 부수토지		

7 상속재산 취득·등기

(1) 취득세 관련

구분	검토항목	검토서류	관련 페이지
신고기한	상속개시일이 속하는 달의 말일부터 6개월 내	사망진단서	
신고대상	취득세 과세 대상 재화에 해당하는지 여부 - 부동산, 차량, 회원권 등		
적용세율	상속을 원인으로 하는 취득: 2.8%(농지는 2.3%)		
분할협의 여부	상속재산분할협의 여부와 관련 없이 취득세 신고 납부는 기한 내에 이루어져야 함		80p
연대납세 의무	취득세 납세: 공동상속인 간 연대납세의무 존재		
취득세 납세지	- 부동산: 부동산 소재지 - 회원권: 회원권 소재지 - 차량: 자동차관리법에 따른 등록지		

(2) 상속재산 등기

구분	검토항목	검토서류	관련 페이지
등기기한	상속재산에 대해서는 별도의 등기 기한이 없음		
등기필요 서류	[피상속인] ① 제적등본, ② 기본증명서(상세), ③ 가족관계증명서(상세), ④ 혼인관계증명서(상세), ⑤ 입양관계증명서(상세), ⑥ 친양자입양관계증명서(상세) [상속인 전원] ① 기본증명서(상세), ② 가족관계증명서(상세), ③ 인감증명서, ④ 주민등록등(초)본, ⑤ 상속재산분할협의서(분할협의 시)	관련 서류	78p
재산세 납세의무	상속등기가 이행되지 않은 경우, 주된 상속자에게 납세의무 존재 - 주된상속자: 상속지분이 가장 높은 자 　(상속지분이 같은 경우 최연장자)		

PROFILE

이상길 세무사

- 現) 세무법인 율현 서초지점 대표
- 국립세무대학 졸업(12회, 국세청)
- 국세청장 비서관
- 서울지방국세청 조사국(1국, 3국, 4국) 조사팀장
- 국세청 본청 재산세과(상속 · 증여세)

채종성 세무사

- 現) 법무법인 율촌 조세부문 파트너(조세대응팀장)
- 국립세무대학 졸업(18회, 국세청)
- 고려대학교 법학과 일반대학원 석사(상법, 회사법)
- 부천/성남(분당)세무서 세원관리, 조사과
- 상장기업 세무팀장

김태준 회계사

- 現) 우리회계법인 공인회계사
- 연세대학교 산업공학과 졸업
- 법무법인 율촌 조세부문
- 안진회계법인 세무본부

Inheritance Tax